若き日のキルケゴール

キルケゴールについて

魂の復活

セーレン＝キルケゴール（Søren Kierkegaard, 1813―1855）は、北欧の小国デンマークが生んだ天才的な思想家で、その著作活動は一八四〇年代に集中している。近代の合理主義思想が行きづまり、新しい現代思想の模索がはじまったこの危機の時代を、かれはその著作活動をとおしてみごとに表現した。「自分がそのために生き、そのために死ぬことができるような真実」を求めて、自己とたたかい、世間とたたかった誠実な思想家が、キルケゴールであった。こうしてかれは、現代実存思想の開祖と仰がれるようなすぐれた思想を遺してくれた。

多くの天才的な思想家がそうであったように、かれの思想も、その当時の人びとからは、ほとんど正当な評価をうけることができなかった。一八五五年一一月、キルケゴールは四二歳の短い生涯を、孤独のうちに閉じた。こうしたかれの生活と思想は、孤独と不安と絶望におびえ、ほんとうの自分じしんを見失って、味気ない惰性の生活にまきこまれようとしている現代の私どもの魂に、ひしひしと訴えかけてやまないものをもっている。個性と自由の旗手としてのキルケゴールは、はなばなしい脚光をあびて現代人の魂の中に復活したのである。

鋭い感受性

キルケゴールの青春生活の内面は、波乱と苦悩に満ちたものであった。愛する父との間の魂の葛藤《かっとう》や、美しい少女レギーネとの熱烈な恋愛と婚約破棄、などの悲痛な事件がつぎつぎと、ひ弱く多感な若ものをおそった。あるいはむしろ、これらの事件は、清純で潔癖《けっぺき》なかれじしんがみずからにまねきよせたものであった、といってもよいであろう。これらの体験を糧《かて》にしてキルケゴールは、その詩人思想家としてのすぐれた天分を、多産な著作活動に開花させていく。恋愛文学の傑作といわれる珠玉の名品や、憂愁と不安の気分をたたえたすぐれた心理分析の典型が、美しい筆致で創作されていった。

かれはやがて、「コルサール」新聞との衝突を転機にして、社会にたいして大きく目をみひらいていく。マスコミや流行文化から人格の尊厳を守ろうとする、実存的ヒューマニストが、ここで誕生する。この立場からキルケゴールは、現代の平均的な大衆社会状況にたいする鋭い警世の書を、遺してくれた。

しかし、キルケゴールの本領は、宗教的な著作家としての活動であった。かれのすべての著作は、神を見うしなった現代人の生が、とどのつまりは虚無《ニヒル》の絶望に終わるほかはないことを指摘して、人びとの魂の内面に真の宗教性を覚醒させることをねがって、書かれたものであった。かれは、真理を愛するがゆえにあらゆる世俗の虚偽にくいついて放さない、「キリスト教界のソクラテス」であろうとした。この立場からかれは、当時のデンマークで国家と並ぶ勢威をもっていた「国教会」の堕落を勇敢に攻撃して、これを真の霊的交わりに浄化せよ、と論難した。しかし、このような大胆な挑戦は、当時のデンマークでは、狂人のしぐさとしか、うけとられなかった。こうしてキルケゴールは、教会攻撃に全精力を使いつくして、世人の誤解と嘲笑を浴びながら、まったく孤独のうちに、その短い生涯を閉じたのである。

キルケゴールは、まことに多面的な著作家であった。芸術・哲学・倫理・宗教を問わず、およそ人間が求めうる限りの、精神上・思想上のほとんどあらゆる財宝が、美しい理念的な結晶の形で、かれの著作の中にちりばめられている。読者は、この思想の宝庫から、好むがままに、無数の精神の糧《かて》をくみとることができるであろう。

かれはまた、鋭敏な感受性《センス》にめぐまれた人でもあった。現代の人生が、その外見のはなやかさの奥ふかくに、どのような危険な病弊をひそめているかを、あれほど鋭くキャッチした人もめずらしいであろう。そのすぐれた現実感覚の触手をのばして、キルケゴールは、個性喪失の現代文化の中に潜在しているニヒリズムの芽を、あざやかに摘出してみせてくれる。こうしてかれは、現代の有力な思想の一派である「実存主義」思想の開祖と仰がれるようになった。人間の主体的な生存条件を重視する現代実存主義の巨匠、ハイデッガー・ヤスパース・サルトル・カミュなどの思想の中には、キルケゴールの影響を示す痕跡が、はっきりと刻印されている。キルケゴールからの影響なしには、これらの思想家たちの哲学や文学も、ありえなかったであろう。

実存的人生観

キルケゴールは、実に多産な思想家であった。生来の虚弱な体質に加えて、かれじしんが「わが肉中の刺《とげ》」と名付けた、父親ゆずりの深刻な罪悪感に悩まされとおしたキルケゴールは、早くから自らの短命を予測し、迫りくる死を念頭におきながら、著作にはげんだ。こうしてかれは、一八四〇年代に集中しているほぼ一〇年余の短期間に、およそ四〇冊の著書と、二〇巻におよぶ遺稿を書き残しているのである。

本書では、そのなかの一一冊について、それも、それぞれの著作の内容の、ほんの一部を紹介することができたにすぎない。本書が機縁となって、読者のかたがたが、直接にキルケゴールの著書に親しんでいただけたらとねがう。本書は、巨像キルケゴールへのささやかな入門書にすぎないのである。いくらかでも読者たちをこの思想の巨匠へと近づけ、かれとの直接の対話へと手引きできたとすれば、著者のよろこびは、これにまさるものはないのである。

若い、自由で柔軟な思考力と、新鮮な感受性に富む魂にとって、すぐれた古典作家との直接の対話ほど、その教養を深めるに役立つものはないのである。ましてキルケゴールは、現代人の苦悩を先きどりして、誠実にそののりこえを探求し、こうした自己超克の体験をもとにしてのみ語った、主体的な思想家であった。読者は、キルケゴールのこのような誠実な思索態度にふれて、時には深い反省を強いられ、時には力づよいはげましをうけ、時には心あたたまる慰さめをえられることであろう。自分を深く見つめていこうとする態度や、この貴重な人生をだいじにし、かつ、深く生きるしかたを、かれから教えられることであろう。

キルケゴールから学ぶべきことは、一々の知識などではなくて、その誠実な思索態度である。かれは、安易な妥協を排して、区別すべきものはきちんと区別し、しかも、こうしてきわだてられた人生上の対立・矛盾を、観念の中だけではなくて、自分じしんの生きかたをとおして、人格的に総合していく。傍観者的態度で、他人《ひと》ごとのように真理を問うことほどキルケゴールが忌《い》みきらったものはないのである。つねに自分ごととして、誠実に問題に体当たりしていく実存的な思索態度をこそ、かれから学んでほしい。わたくしは、こうした念願をこめて、本書を読者に手渡したいと思う。

秋田大学倫理学研究室にて

工藤綏夫

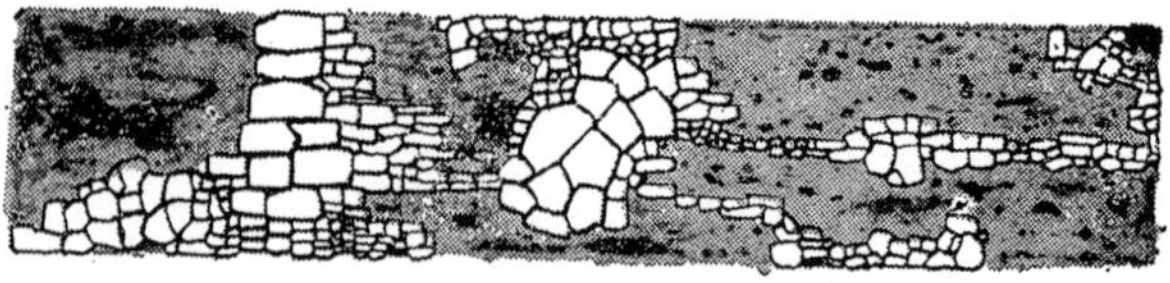

目次

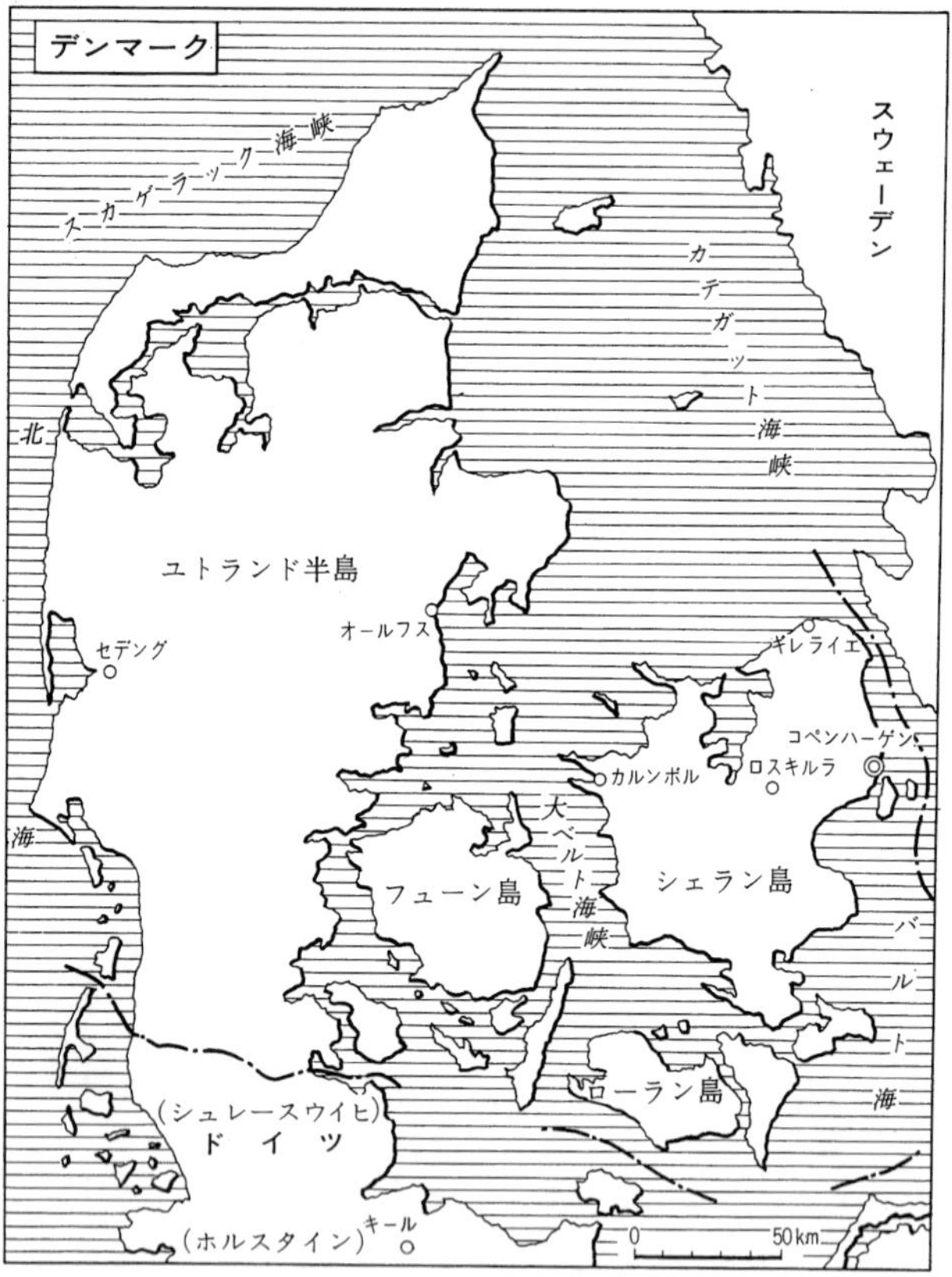

キルケゴールを生み育てた北欧の国デンマーク

I キルケゴールの生涯

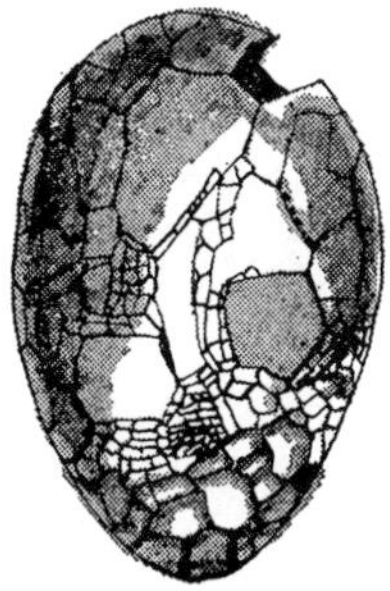

キルケゴールと現代

虚無《ニヒル》とのたたかい

百年忌記念集会　いまから約一〇年前の一九五五年一一月、キルケゴール歿後百年を記念する講演会が、法政大学で開かれた。聴衆は千数百名を数え、大講堂にあふれるばかりの盛況であった。北欧の一小国デンマークに生まれ、ただひとすじに自己をのみ見つめつづけて世間に背を向け、自国の人びとにさえ無視されて淋しくその短い生涯を閉じた、孤独な思想家キルケゴールが、この盛況をどのようにみているであろうか。

現代におけるキルケゴール復興の気運は、日本だけに限られているのでは、もちろんない。生国コペンハーゲンでは、キルケゴール記念の国際的な集会が開かれ、ほとんど全世界のすぐれた思想家がこれに参加したし、世界各国で記念集会が開かれた。しかも、そこに集まった人びとは、哲学者あり、神学者あり、詩人あり、小説家あり、という実に多彩な層を代表するものであった。このことは、現代人にたいするキルケゴールの影響が、どんなに広汎《こうはん》で深刻なものであるかを示している。

このことに触れて、日本のすぐれたキルケゴール研究者である桝田《ますだ》啓三郎氏は、つぎのようにいっている。

「キルケゴールの特異な思想は彼の死後半世紀あまりのあいだほとんど顧《かえり》みられることなく、歴史のうちに忘却し去られたかのようであった。その彼が第一次世界大戦後ヨーロッパ大陸、とくにドイツの哲学および神学に決定的な影響を与えて、いぶきを吹きかえし、よみがえってきたのである。ドイツの神学界においては、すでに早く一八七〇年代にチュービンゲンの神学者ベックがキルケゴールの思想の重要さを認め、ベックの弟子たちの手でキルケゴールの主著の幾つかが翻訳されはしたが、しかし当時におけるキルケゴールの影響は、一部の神学者のあいだに限られ、微々たるものにすぎなかった。それがハイデッガー、ヤスパースなどの実存哲学[1]およびバルトの危機神学[2]の台頭とともに、ひろくヨーロッパの思想界に注目されるにいたり、そしてこんにちでは、現代を規定する一つの思想として、全世界の人々の精神生活に深い交渉をもつにいたったのである。それは、キルケゴールの思想の根底《こんてい》にあるものが、深く現代の精神状況につながり、現代の意識に通ずるからのことである。」(理想社刊『セーレン＝キルケゴール』)

現代人の不安

現代においてキルケゴールが深い共感をもって迎えられたのは、なぜであろうか。それは現代人の魂が、ちょうど一世紀前にキルケゴールが予感したような、孤独な不安の気

1) 平均化されない真実の自己にめざめた生き方をつらぬき、不安や孤独や絶望の中にある現実の自己を深く見つめて、主体的な自由を確立していくことをめざす哲学。
2) 弁証法神学ともいわれる。神と人間との間には根本的な裂けめ（危機）があり、この深渕を埋めることができるのは神のみであると主張して、神の超越性を強調する神学。

分にとりつかれているからである。

現代文明の発達はまことにめざましいものがあり、わたくしどもは数多くの生活の利便にめぐまれている。社会のしくみも合理的にととのえられていて、能率よく運営されていく。もしも人間が、物質的な欲望のみを追い求め、社会的な平等の実現のみに甘んずることができるような存在であるとするなら、現代は人類にとって、まさに至福の時代であるということもできよう。人類がつくり出した科学・技術は、今や、宇宙をも支配しようとする成果をあげつつあるのである。

だが、ひるがえって人間ひとりひとりの魂の内面に目を向けてみよう。そこにわたくしどもは、なにを見いだすだろうか。ひとりとしての自分に立ちかえったとき、その自分は内容ゆたかな個性をもって生きている、といえるだろうか。ほんとうに自由に、自分じしんの人生を生きているといいきれるであろうか。レジャーの後に孤独な空虚感におそわれるのは、なぜだろうか。大衆とともに動きながら、底知れぬ孤独感に悩まなければならないのは、なぜか。巨大な社会機構のなかにはめこまれながら、自動機械の歯車のひとこまのような自分の姿に気付いて、不安と絶望のやるせなさをおぼえるのは、どうしてか。人間がつくった機械によって人間が奴隷化され、人間がつくった経済機構によって人間が血みどろの競争や殺し合いの戦争に駆りたてられるのは、どうしてなのか。

このような深い疑問が、つぎつぎとわたくしどもの魂の奥底からわきおこってくる。そして、このような想念にとらえられるやいなや、私どもは深刻な不安の深淵に投げこまれる。現代が危機の時代であるといわれ、二〇世紀が不安の世紀であるといわれるのは、決して特定の思想家の思いつきではないであろう。そこには、現代を生きる私どもすべてに共通する生活の実感がこめられているのである。

現代人をとらえてはなさない、みぎのような不安をのりこえていく方向や生き方を明らかにしていくところに、現代思想の課題がある。この課題と誠実にとりくむことなしには、現代の思想を語る資格はないといってもよいであろう。

この課題を解決しようとするとき、二つの方向が考えられるであろう。その一つは、このような不安をひきおこしてくる原因を、外的な客観世界の側に求め、客観的な矛盾を変革することによって、人生の安定をとりもどす方向である。合理主義思想の現代における代表であるマルクス主義が、ここに成立する。階級対立の資本主義制度を変革して、人間による人間の搾取《さくしゅ》と支配を絶滅することによって、人間の支配意志を、他人の支配から自分じしんと自然世界の支配に転換させ、こうして人間の自由を確立しようとするのが、マルクシズムのねらいである。

もう一つの方向は、不安の根を人間ひとりひとりの魂のありかたに求め、内面生活の変革によって不安をのりこえようとするもので、現代における非合理主義思想の代表である実存主義が、ここに成立する。キルケゴールは、この実存思想を一世紀前に先どりした天才思想家であったのである。

「たとえ全世界を征服し獲得したとしても、自己じしんを見失ったならば、なんの益があろうか。」これが、キルケゴールの思索を導くモットーであった。支配が自由の意味をもちうるのは、支配の主体が自己自身であり、それも、内容の充実した個性をもった自己であるばあいに限られる。他のなにものによっても代替することができない独自の自己を確立すること、これがすべての営みに先行しているのでなければならない。このような自己の真実は、おそらく、普遍的な理性によってはくみつくすことのできないものであって、単独的な情念《パトス》をもってつかみとるべきものであろう。壮麗な理性的体系の殿堂を築こうとも、その中に住むものがこの自分じしんでなければ、そのような殿堂は無用の長物である。実際に自分がそのために生き、そのために死ぬことができるような、そのような生の支えを求めて生きよう。自分がどう生きるかをよそにして、真理をそとに求めようとすることによって、人々は各人の自己を見失い、人生の支えを見失ってしまった。虚無の深渕がそこに口を開いて人々をのみこんでしまう。現代人をとらえてはなさない不安は、こうした誤った生活態度が生み出した所産である。こうした信念にもとづいてキルケゴールは、深く自分じしんを見つめ、自分の不安の体験をだいじにし、その体験を徹底的に深くつきとめる形で思索していった。こうしてかれは、個性の喪失になやむ現代人の病根をするどくえぐっていく、魂の名医となったのである。

キルケゴールを生んだ風土

北欧人ヴァイキングの血　キルケゴールは、自分の生活と体験にもとづいてのみ思索しようとした主体的思想家であったし、四回の短いベルリン旅行以外には、その終生をデンマークの首都コペンハーゲンで送った人であるから、かれの思想のなかには、デンマークの歴史と自然がしみこんでいる。

デンマークという名で、読者はどんなイメージを描くであろうか。ヴァイキングの母国はデンマークであったし、デンマークの人たちは、かつてはイギリス全土を征服したこともあった。マルグレテ王女時代（Margrete,1353―1412）には、隣邦スウェーデンとノルウェーとの三国連合を実現させ、ハンザ同盟をおさえてバルト海に覇《は》をとなえたときもある。デンマーク人たちの血のなかには、こうした勇猛果敢《ゆうもうかかん》な進取の気象と冒険心がこめられている。それと同時にデンマーク人たちは、こうした活発な海上航海をとおして、イギリス・フランス・オランダ・ドイツなどのヨーロッパの宗教と文化をもち帰り、早くから自由でとらわれない生活をきずきあげていったのである。

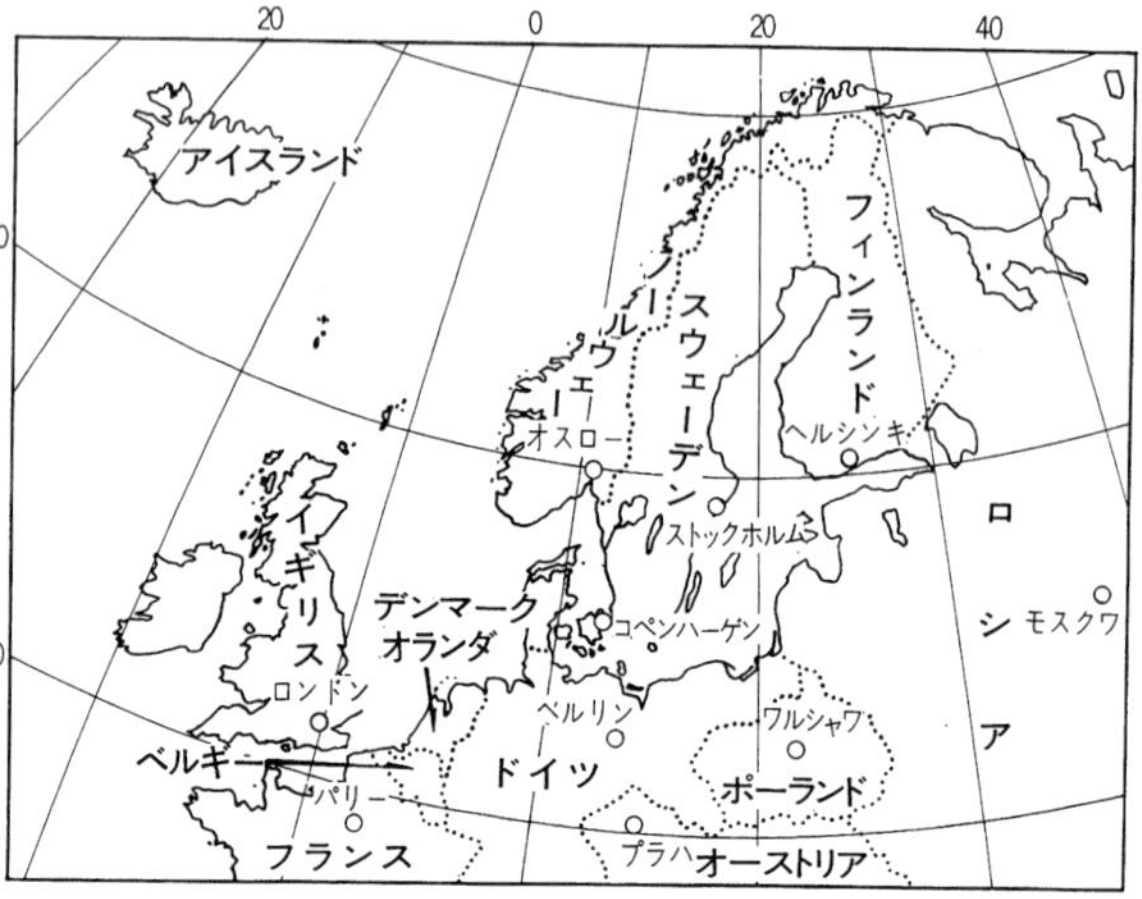

1900年代のヨーロッパ

北海の平原

デンマーク人の祖先たちがもっていた、荒海にいどんで屈しないこの果敢な気象は、ヨーロッパの先進文化によって教化され、北海の自然になだめられて、心の内面へと深く沈潜していくことともなった。

デンマークが占める地球上の位置に、目を向けてみよう。その国土は北緯五五度から七度にわたる島国であり、首都コペンハーゲンは五六度のシェラン島東岸に位置している。このような北国でありながら、その沿岸は常に暖いメキシコ湾海流によって洗われ、温暖な偏西風に恵まれているので、きびしいながらも生活に適度な気温にめぐまれてもいる。ちょうど札幌や東北裏日本のような気候を想い描いてみるがよい。とぼしい陽光のゆえに忍耐づよくきびしい冬の自然に耐えて暖い春を待ちのぞみながら、浪漫的な夢をいだいてねばりづよく堅実な生活を営んでいく平和な姿が、そこに見いだされるであろう。

しかもデンマークには、ほとんど山と名づけることができるような高地がなく、その全土が平地である。もっとも高い山でも海抜一七三メートルである。平地といっても、いたるところにゆるやかな起伏があり、緑したたる森がある。このようなデンマークの自然が、退屈ともいえる変化に乏しい平和な日常生活によって荒々しいヴァイキングの血をやわらげて、明るい楽天的な性格をつくり出し、ユーモアに富む浪漫的な気風を生み出していく。キルケゴールの同時代人であって、かれとともにデンマークが誇りとするアンデルセン(Hans Christian Andersen,1805—75) の童話は、こうした自然の所産であるといってもよいであろう。

この平担な国土を利用して早くから農業が発達し、商業とともに、これがデンマークの主要産業となっている。一七八〇年代にはいち早く農奴制が廃止されて、農民にたいする職業選択と土地所有の自由が保障されたところから、国民のほとんどは自営農民として、平和で、安定した生活を営んでいる。海賊魂と農民魂、この奇妙な組み合わせがデンマークの歴史と自然を舞台にして実現されていくことによって、内省と決断、憂愁と快活、という矛盾した性格の葛藤《かっとう》に悩む二重性をもった典型的な悲劇人ハムレットの伝説も生まれることとなった。そして、巨匠シェークスピアによって描かれたデンマークの王子ハムレットの悲劇を、思想の世界でみごとに実演してみせたのが、キルケゴールの生涯であったのである。

一九世紀のデンマーク

一九世紀は、デンマークにとって、まさに苦難の世紀であった。一八世紀の後半にいたってデンマークは、大国意識をもって国際紛争に介入する愚を悟って中立政策をとり、イギ

グリプスースコーフの森の中の八つ辻

リスとフランスの抗争の間に立って漁夫の利を占めた。海運業が大いに盛え、デンマーク船は、バルト海や北海はもとより、地中海にまでも進出していた。しかし外交政策の失敗からナポレオン戦争にまきこまれて、一八〇一年に、コペンハーゲンはネルソン提督のひきいる英国艦隊に砲撃され、海運業も大損害をうけた。そして、キルケゴールが生まれた翌年に当たる一八一四年には、キール条約によってスウェーデンに属領ノルウェーを奪われた。ナポレオン戦争後、バルト海航行の各国艦船からとっていた通航税もご破算になった。一八六四年には、ドイツとの間に紛争のたえなかった肥沃《ひよく》なシュレスウィヒ・ホルスタインの二州を、ビスマルクの巧妙な策略に乗じられて、ドイツに献じることとなった。この後、デンマークは、まったくの一小国に転落してしまったのである。キルケゴールは、ちょうどこの苦難の時代を生きた人であったのである。

こうしてデンマークは、ユトランド半島とシェラン島をはじめとする大小五百余の島々から成る国となったが、その面積は北海道より小さく、九州よりすこし大きい程度にすぎない。人口は現在でも、東京都の半分以下の約四五〇万にすぎず、当時は三五〇万程度であった。

こうした運命のもとでデンマーク人たちは、過度とも思えるくらいの民族的独立意識をうちに燃やしながら、産業面では、教育の普及と協同組合制度をテコにして酪農中心の農業を発達させ、文化面では、多彩な文芸活動を展開してデンマーク独自の国民文化を創造していくこととなった。隣国ドイツの精神文化の影響をつよくうけながら、それゆえまた、これとは独自な国民文化をつくり出そうという独立意識が一九世紀前半に爆発的に燃えあがった。このような気運が原動力となって、アンデルセンの牧歌的な童話と、グルントヴィ（Nikolaj Frederik Severin Grundtvig,1783―1872）の格調高い讃美歌と、キルケゴールの「主体性」を重んずる思想を生み出していったのである。

「商人の港」コペンハーゲン

キルケゴールは、ベルリンに四回と国内を二回旅行したほか、終生コペンハーゲンを離れなかった。かれは、当時の人口で約三〇万、現在でも一〇〇万にすぎないこの小都市を愛し、その市民たちと語り合うことを好み、コペンハーゲンのソクラテスでありたいと願って生きた。

その波乱に富んだ内面生活にもかかわらず、かれの日常生活は実に単調なものであった。午後になると、きまったように街へ散歩に出て、巷《ちまた》の人々と愛想《あいそ》よく言葉をかわし、喫茶店や劇場でときをすごすのをたのしんでいた。また、ときにはただひとりで馬車にのって、街道を疾駆したり、森のなかをゆっくり走らせたり、外濠《そとぼり》に沿った小道を朝はやく散策したり、森の中で八つの道が交差する「八ッ辻」と呼ばれる場所の片すみに腰をおろしたりして、深いもの思いにふけるのであった。かれの作品は、こうした生活体験の分析から生まれたものであるから、その中には、当時のコペンハーゲンの街をつつんでいた気分が、色こくしみこんでいるのである。

コペンハーゲンが城壁をもった都市として誕生したのは一一六〇年ごろであったが、そのころはロスキルラ市の支配下に置かれた人口五千くらいの田舎《いなか》町であった。しかし、一四七五年にコペンハーゲン大学が建てられたころから急速に発展し、一五世紀以降からは国王の居住地ともなった。一六五九年には勅令によって市としての完全な独立が認められた。一八〇七年の英国艦隊による砲撃によって、市全体がほとんど破壊され、一八一四年にはナポレオン戦争に完敗して経済的な危機に見舞われもしたが、一八二〇年ごろになると、再び急激な発展の機運がもりあがってきた。貿易は盛んとなり、産業革命期を前にして近代的設備をもった大工場が建設されたりして、コペンハーゲンはどんどん栄えていった。

コペンハーゲンは、デンマークの語名ではケーベンハウン(Kφbenhavn)とよばれるのであるが、これはもともと、商人(Kφbmanne)の港(Havn)という意味である。バルト海と大西洋を結ぶ海上航路の要衝《ようしょう》に位置しているところから、コペンハーゲンは、商業活動の中心地として、自由で活気あふれる都市の雰囲気《ふんいき》にめぐまれていた。一八四七年にはロスキルラ市との間に鉄道も開通した。農民たちは農産物をどんどんコペンハーゲンにもちこみ、地方商人たちは争ってここに集まってきた。こうして、一八四〇年には二七万であったコペンハーゲンの人口は、一八七〇年には四五万にふくれあがったのである。

キルケゴールの家のあった所（ニュッオーと言う。右のビルディングがそれにあたる。その隣は裁判所，現在もほとんど同じかっこうだがキルケゴールの家の建物は商業銀行になっている。）

1850年ごろのコペンハーゲン広場

キルケゴールの父親が、一家をあげてユトランド半島中央西岸のセディング村からコペンハーゲンにひっこしてきたのは、一八〇五年ころであったから、キルケゴールは、このようなコペンハーゲンの近代都市への急激な発展期に育ったのである。

しかし、コペンハーゲンは、ざわついた商人の町であるよりはむしろ、こじんまりとした城下町の平和をたたえた、北欧のパリとして知られるほどの文化的な香りの高い教養市民の町であった。その城壁は一八五八年にとりこわされてすでにないが、建物の向きや街路は、周囲に城壁を想定した形でつくられ、いたるところに濠《ほり》や森をふくみながら、劇場や公共建造物がある中心部へと集中している。町の人々は、お互いによく知り合った人格的な交《まじ》わりをかわし合い、共通の話題で語り合うことができるので、ひとりひとりの行動が、すぐに町の人々のうわさばなしの種となる。すべての市民たちがこの町を「私のコペンハーゲン」と呼びかわすような、親しみぶかい雰囲気が、町中に満ちあふれていたのである。

しかも、この落ちついた自由をたのしむ空気は、決して軽薄で遊惰《ゆうだ》な凡俗文明とつらなるものではなかった。それはおそらく、陽光のうすい陰性の気候風土によるものであったのであろう。だがそれは、より多く、コペンハーゲンが小さい離れ小島のシェランに位置していることからきたものであろう。シェラン島は、デンマーク本土に当たるユトランド半島からも海をへだてているし、ドイツからも、スウェーデンからも、海をへだてた適度の距離にある。このことに触れて、新進キルケゴール研究家である大谷愛人氏は、つぎのように書いておられる。

「コペンハーゲンの以上のような位置は、ここから開花発展していった同時代のデンマーク文化を考えるにあたって、実に深い暗示を与えてくれるのである。というのは、ユトランド半島はドイツと地続きであり、また南部デンマークはドイツ付近の多数の島々から成っているため、ドイツの風、ドイツ化の波は実に強かったが、このコペンハーゲンは、それらのいずれの島々からも海をへだてており、またドイツに対しては一番遠く海をへだて、しかもスカンジナヴィア半島に密着せんばかりのところにあるため、その位置は、本質的に、デンマークのドイツ化に抵抗し、北欧文化発揚のとりでにふさわしい地点にあることを示しているからである。」（白水社刊『キルケゴール著作集・月報4』）

キルケゴールが生きた時代

デンマーク文化の黄金時代

キルケゴールが生きた一九世紀前半は、「デンマークの文化」の黄金時代といわれた時代である。文化・学芸の中心であったコペンハーゲンの都市としての繁栄をバックにして、デンマーク文化史上の奇跡ともいわれるほどのすぐれた天才たちが、各方面に数多く出現した。有名な著述家や詩人のみをあげてみても、エーレンシュレーガー(Adam Oehlenschläger,1779—1850)・グルントヴィ・アンデルセンなど、デンマークが世界に誇るこれらの巨人たちは、みな、キルケゴールの同時代人たちであったのである。

また、この時代には、数々の学術団体や文化クラブが、相ついで誕生した。一八二〇年には、コペンハーゲンの文化活動の中心となった「学生クラブ」が設立された。一八二四年には、「北欧古文書協会」と「読書会」が、一八二七年には「芸術クラブ」が設立された。一八三〇年代にはいると、ヘーゲル哲学をデンマークに紹介したハイベルク(Johan Ludvig Heiberg,1791—1860)の周囲に新進気鋭の文学者や哲学者たちが集まって、ハイベルクーサークルができた。そして、キルケゴールもアンデルセンもその一員であったのである。

言論機関の発達もいちじるしく、新聞や雑誌も無数に出版された。しかも、そのほとんどが政治的色彩をもつものばかりであった。一八三四年にはキルケゴールの友人ギョズバーズ(Giφdwad,1811—1891)によって「祖国」が発刊された。キルケゴールはこの新聞に多数の論文をのせるようになったのであるが、この新聞は、自由主義的な民主政治を主張して、当時の絶対王政に反対の論陣をはった。そのために王政支持の政治家たちからの攻撃をうけ、言論・出版の自由を求める運動をもりあげることともなった。また、一八四一年には、ゴールスメット(Goldschmidt,1819—1887)によって、「海賊」という意味の「コルサール」(Korsar)紙が発刊された。これは、諷刺《ふうし》新聞としての体裁《ていさい》をとりながら、言論の自由を百パーセントに活用して絶対王政に反対し、旧権威のもつ空虚な実相をばくろして、社会の民主化気運をおしすすめようとするものであった。一八四六年、キルケゴールはその俗悪性に挑戦してこれから手痛い反撃をうけ、マスコミの暴力性と無責任性を痛切に体験することとなるのであるが、この新聞本来の編集意図は、進歩的論評によって民主化運動をおしすすめようとするものであった。これらのほかにも多数の新聞と、教会・神学・文学・思想関係の雑誌が無数に出て、活発な言論活動が展開され、革新の気運はいちじるしく昂揚《こうよう》したのである。

しかし、このような言論や文化の花を咲かせ、その恩恵に浴することができたのは、全デンマーク人口の中の一〇ないし一五パーセントの人たちにすぎなかった。学者・芸術家などの知的上流階級と、地主・大商人などの経済的上流階級の人々や、牧師、高級官吏などの政治権力に関係ある人たちが、これらの文化運動のにない手であった。これらの人たちは、高い精神的理想への無限なあこがれと独創的な国民文化の創造という強烈な民族意識にもえて、ドイツ・フランス・イタリアの先進文化国から仕入れてきた文化の種子をデンマークに移植して、これにデンマークの花を咲かせ、デンマークの果実をみのらせようとしたのである。こうして、この時代の精神状況を北欧的ロマンティシズムによって飾ろうとしていたのであった。

これにたいして、八五ないし九〇パーセントを占める農民や貧しい商人たちは、上流少数者と同じ権利と自由と文化を享受《きょうじゅ》しようとする階級意識に目ざめて、社会革新を求める大きな実際勢力にのしあがってきていた。農業改革もどんどんすすめられていった。こうして、理念的変革と実際的変革の潮流が合流する形で、政治的変革のための内的なエネルギーが準備されていくこととなった。

政治的変革の時代

キルケゴールが生きた一九世紀前半のデンマークの政治情勢を特徴づけるのは、「絶対王政の崩壊と自由憲法施行（一八四九年）への移行過程である」、ということができる。

デンマークの絶対王政は、一六六〇年にフレデリック三世によって確立されて以来、一八四八年に自由憲法が制定されるまで、二〇〇年近くも維持されてきたものであった。この間にいろいろな変遷《へんせん》はあったが、代々の絶対君主は、封建的な土地貴族をおさえて農業や商工業の発展を助成し、通商の伸長につとめて、啓蒙的改革を着々と実現してきたのであった。しかし、一九世紀にはいると、政治的変革の気運が急激に高まってきた。

フレデリック六世(Frederik VI,在位1808―39)は、一八一四年のナポレオン戦争の敗北後、領土獲得の野望をすてて、政治の主要目標を国内の建設と充実に向け、これに努力を集中した。しかし、穀物の主要顧客であったイギリスは、「穀物法」を制定して、地主保護のために輸入穀物に高額の関税をかける政策をとったために、デンマークの農村は疲弊し、商工業が不振となった。一八三〇年代になると、西欧諸国の産業革命が進行し、これにともなってデンマークの貿易も徐々にもちなおすようになってきた。とくに、イギリスが一八四六年に、新興産業資本家たちの要求によって「穀物法」を廃止して、自由貿易が行なわれるようになると、穀物価格は上昇したので、デンマークの農民の生活もゆたかになってきた。

生活がゆたかになったばかりでなく、教育・文化の普及の結果として、農民の政治運動も活発になっていった。このような動向に妥協する策として国王は、一八三四年に、農民が参加しうる諮問《しもん》機関として四つの地方議会をつくったが、政治的自由を求める農民たちは、これに甘んずることなく前進した。一八四一年には「農村自治組合」ができ、一八四六年にはこれが、「農民の友の会」という政党にまで発展した。この会は小作人たちの集まりで、小作地を自分の所有地に移行させることを眼目とするさまざまの要求を、国王に提出するようになった。

他方では、一八三〇年のフランス七月革命の影響をうけて、自由主義思想がしだいにデンマークにもしみこんできた。そしてこれが、絶対王政に抗する自由主義的な政治運動をおこしすすめる理念的な力となった。また、ドイツ語文化からの精神的独立を求める国民主義運動が、グルントヴィをはじめとする詩人・文

1848年３月21日の事件

当時の地方議会の面々

学者たちの知識階級の指導によって、熱狂的なたかまりを見せてきた。この国民主義運動は、さいしょは農民階級を主体とする自由主義運動の批判勢力としてこれと対立していたのであるが、シュレスヴィッヒ―ホルスタインの帰属をめぐるドイツとの紛争を解決する能力を絶対王制がもっていないことを不満として、「政治的自由主義」と手を握り、「北欧の独立国デンマーク」の実現を共通の目標とする国民主義的自由主義運動へと成長していった。

　一八四八年の三月二一日、国民主義的自由主義者が勢力をにぎっていたコペンハーゲンの市会議員たちを先頭に、一万五千の市民が六列のスクラムを組んで王宮におしかけ、一月に即位したばかりのフレデリック七世（在位1848―1863）に迫って、政府の解散と自由憲法の制定を要求した。新王は自由主義的な思想と時代の動向を見ぬく鋭い眼をもっていたので、ただちにこの要求をいれた。こうして無血革命が成就し、一八四九年六月五日に自由憲法が施行され、デンマークは、絶対王政を廃して民主的な立憲君主制の国家となったのである。

この自由憲法は、つぎのような内容のものであった。デンマークはルーテル派の新教を国教とするが、信仰は自由である。また、出版、結社、集会も自由である。王権は制限的なものであって、国家の最高機関は国会である。国会は二院制をとり、男子による普通選挙によって下院議員は直接に、上院議員は間接に選出される。下院議員たる資格は満二五歳以上であることだけであり、その任期は三年である。上院議員は四〇歳以上で、年収一二〇〇ダーレルまたは直接国税二〇〇ダーレルの者から選ばれ、任期は八年とされた。

時代の虻《あぶ》キルケゴール

このような騒然たる世相にたいして、エーレンシュレーガーやアンデルセンをはじめとする大多数の詩人たちのグループは、その外部に立って批判的な姿勢をとっていた。かれらは、詩や文学は哲学的イデーを扱わなければならないと主張し、政治運動は学問や芸術の感覚を抹殺《まっさつ》してしまうと考えて、これに背を向けた。

キルケゴールもまた、そのグループのひとりであった。かれはこのとき、全心全霊をこめて、『死に至る病』の執筆に没頭していた。一八三〇年のフランスの七月革命や一八四八年の二月革命の影響をうけて、自由と平等を求める声は、コペンハーゲンの巷にも響きわたったのであるが、これにたいしてもキルケゴールは、人格喪失の水平化運動であるにすぎないと考えていた。社会主義の理念についても、一八四六年に出版した『文学評論』の中で、「童児と童女の結婚のような愚劣きわまる流行思想にかぶれるよりも、確固たる独立の個として自己を確立することが先決要件である。真の共同は、このような個と個との人格的な交わりとして実現されるのでなければならない」、と書いた。

しかし、このようなキルケゴールの姿を、単純な保守反動の態度と見ることは大きな誤解である。キルケゴールが終生にわたって尊敬の念を捧げ、自らもまたそのように生きたいとねがってやまなかった思想家は、ソクラテスであった。そのソクラテスは、母国アテネを愛するがゆえに、その腐敗した精神の病根をとり除こうとして、皮肉な警鐘を鳴らしつづけ、人々の魂の惰眠をよびさまそうとして、虻《あぶ》のようにうるさく批判の矢を放ちつづけた人であった。キルケゴールもまた、デンマークを愛し、その変革が真の人間解放として成《じょう》就《じゅ》されることをねがったからこそ、時代精神の中にしみこんでいる「病い」を摘発し、これと徹底的にたたかうことを、自分に課された尊い使命であると信じていたのである。

キルケゴールが、当時の政治的運動家たち以上にデンマークの独立と人間の自由・独立を愛する人であったことは、かれが残したすべての作品のなかに、はっきりと表現されている。また、かれが、時代の単なる傍観者でなかったことは、デンマーク国家権力の半面をなす国教会にたいして、職を賭し、地位を捨て、生命すらもかけて、かつて何人もなしえなかったほどの激しい攻撃を加えたことによっても、明らかであろう。その意味では、かれほど徹底した時代の子を見いだすことは困難である、とすらもいうことができよう。ただ、かれのばあいは、社会や時代にたいする変革の立場からする批判と抵抗のたたかいが、内面的な魂の次元に集中されたにすぎないのである。

どのような深みからキルケゴールが時代の動向をみていたかを示す一つの証拠として、その頃に書かれたかれの日記の一部を、桝田啓三郎氏の訳によって記《しる》しておこう。

「平等という問題は、結局、提出されたものと見られるべきだろう、つまり、それは全ヨーロッパで議論されているからだ。

だから、古い形式に属するあらゆる形の専制政治が今後は無力になるだろう（皇帝も、国王も、貴族も、聖職者も、金銭の専制さえも）。

しかし、この平等に対応する専制政治の一形式がある、人間恐怖だ。………

それはあらゆる専制政治のなかでいちばん危険なものだ。というのは、一つには、それがじかに目に見えるものでないので、よく意を払う必要があるからでもある。

共産主義者たちは、この国でも他の国でも、人間の権利のために戦っている。結構なことだ、わたしもそうしているのだ。それだからこそ、わたしは全力をあげて、人間恐怖の専制政治に対して戦っているのである。

共産主義は最大限に人間恐怖の専制政治に行きつく（現にフランスがそのためにいかに苦しんでいるか

を見てみさえすればいい）。そこにこそキリスト教が始まるのだ。
　共産主義が大騒ぎをしている問題、それをキリスト教は、すべての人間が神の前で平等である、したがって本質的に平等であるという、しごく当然なこととして認めるのだ。しかし、そのときキリスト教は、神を抹殺《まっさつ》してそのかわりに人間の衆、大多数者、民衆、公衆に対する恐怖を据《す》えようとする不信冒瀆《ぼうとく》に慄然《りつぜん》とするのだ。」（筑摩書房刊『キルケゴール全集』第二四巻、四二〇―一頁）
　ここでキルケゴールが「共産主義」と書いているものは、空想的社会主義のことであって、マルクス・エンゲルスの科学的社会主義のことではないことは、注意しておいてよい。キルケゴールとマルクスは、ほとんど同じ時期にヘーゲル批判の活動をはじめたのであるが、相互にその思想を知り合う機会はなかった。しかしこの二人は、危機の時代・変革の時代といわれる現代の人間の運命を、するどく予言してその処方箋を書いた巨人である。マルクスは人間の外的・客観的条件を科学的に分析し、キルケゴールは人間の内的・主体的条件を文学的・宗教的に分析したのではあったが。

北欧ロマンティシズムの潮流　キルケゴールは、詩人としても、文学者としても、まれにみる天分をそなえた人であった。かれの全作品は、思想の詩であるといってもよいほどの、文学的香気にみちた名品である。しかもかれは、その作品をとおして、当時のデンマークの文学的な課題にみごとにこたえている。つぎに、このことを概観してみよう。

一九世紀前半のデンマーク文学界は、たぐいまれなるほどの黄金時代を迎えて、文芸の花が繚乱《りょうらん》と咲きほこったのであるが、その基調をなしたのは「ロマンティークの思想」[1]であった。研究者はこの時期の文芸思潮を、つぎの三期に分けている。一八〇二―八年「ドイツ・ロマンティークによる触発期」、一八〇八年―二五年「北欧的ロマンティークの生成期」、一八二五年―五〇年「デンマーク・ロマンティシズムの形成期」（大谷愛人氏による）。

さいしょの触発期には、ドイツの哲学者シェリングやドイツの文学者ノヴァーリスとティークなどの影響をうけて、デンマーク人たちの精神の内部にまどろんでいた北欧人固有の詩性と精神性がめざめていった。イエナ大学でシェリングの自然哲学を聴講したスティフェンス（Henrik Steffens,1773―1845）が帰国して、デンマーク史上最大のロマンティーク詩人といわれるエーレンシュレーガーの詩魂をゆり動かす。シュレーガーは、その詩を通じて、普遍的精神の啓示をデンマーク固有の「自然」と「歴史」の中に求めるべきことをつよく主張した。この影響はグルントヴィの『北欧神話』（一八〇八年）に結晶したし、キルケゴールの若い魂にも多くの影響を与えることとなるのであった。

つぎの生成期には、ロマンティークの北欧的な性格が、はっきりとした形をととのえていくこととなった。その典型を私どもは、グルントヴィの国民主義思想においてみることができる。他方ではまた、暗くて寒い北欧風土のもとではぐくまれたデンマーク人たちの心情的・内省的性格が、デンマーク独自のロマンテ

1）　永遠との全面的な合体を求め、合理的な現実分析よりもむしろ心情による理想への憧憬《どうけい》を重くみる立場。

イークを誕生させていく。ここで、初期ロマンティークが提示した「永遠への憧憬《どうけい》」や「高次の調和」という理念《イデー》は、「心情の内的苦悩」を通じてのみ実現さるべきものとされた。後にコペンハーゲン大学の教授となり、ここでキルケゴールの多感な精神に大きな影響を与えることとなったシベアン（F.C.Sibbern,1785—1872）や、同じくキルケゴールが深い関心をよせた詩人たち、インゲマン（B.S.Ingemann,1789—1862）やハウク（J.C.Hauch,1790—1872）などが、この時期を代表する。ゲーテ、とくにかれの『若きエルテルの悩み』やシェークスピアの悲劇が、これらの人たちに深い影響を与えた。

一八二五年近くになると、ドイツ・フランス・イギリスの先進諸国から、異なった種類のロマンティーク思想がデンマークになだれこんできた。ドイツからはメーリケ・ホフマン・ハイネ・ヘーゲル、フランスからはヴィクトル＝ユーゴーとスクリーブ、イギリスからはバイロンが輸入された。ユーゴーとスクリーブは、複雑な存在として人間を描写する新鮮な感覚と手法を教えた。そして、「複雑な人間」を統一的にとらえるための「人間観」を提供してくれたものが、ヘーゲルであり、バイロンとハイネであった。これらの新来の思潮の影響をうけて、これまでの感傷的なロマンティシズムを徹底的に反省して、デンマーク独自のロマンティシズムを作り出していくのが、この期の思想家たちの課題となった。それらの人々の代表的人物こそ、キルケゴールの直接の師であったメーラー（Poul Martin Mφller,1794—1838）とハイベルク（Johan Ludvig Heiberg,1791—1860）であり、そしてミューラー（Fr. Paludan Müller,1809—76）であった。

メーラーは、コペンハーゲン大学の教授で、また天性の詩人でもあったが、キルケゴールが負うところの最も多かった師であった。キルケゴールは、そのギリシア悲劇とギリシア哲学にたいする深い造詣《ぞうけい》をかれからうけた。遊蕩《ゆうとう》生活の中で自殺を思いつづけていたキルケゴールの絶望をいやしてくれたのも、このメーラーであった。

J・L・ハイベルクは、劇作家であり、大学教授であり、評論雑誌の編集者でもある多才な人であったが、かれは後にのべる神学者マルテンセンとともに、ヘーゲル哲学のデンマーク輸入者であった。後述のミュンスターとともに当時のコペンハーゲン人たちの話題の中心であった女優ハイベルク夫人は、かれの妻であった。こうしてかれは、当時の流行の中心に輝く座を占めていた。しかもかれは、ハイベルクサークルをつくり、そこに、マルテンセン、アンデルセン、キルケゴールなどの当時の若きエリートたちを集めて、「イデー」への「人間性」の隷属《れいぞく》というヘーゲルの人間観を教えた。キルケゴールが、ヘーゲルから弁証法的な思考法を学びとりながら、いっさいの現実を抽象的な観念体系のなかにとかしこんでしまうやり方に鋭い批判の矢を向けたのは、このハイベルクサークルを支配していた衒《げん》学的雰囲気と、これに象徴されていた当時の「流行的権威への盲従」という精神状況にたいする反発であったのである。

ハイベルクサークルを支配していた亜流ヘーゲル主義にたいする有力な批判勢力をなしていたのが、バイロン―ハイネの思想に学ぼうとする人々であった。バイロン―ハイネの思想は、「人間の内部の分裂」を主題とし、「懐疑《かいぎ》」、「憂鬱《メランコリー》」、「不安」、「絶望」を見つめるものであって、政治的運動を白眼視する

「否定の精神」をよりどころとして生きようとした、当時の知識階級の苦悩を代弁するものであった。ヴェンター（Christian Winther,1796—1876）、バッガー（Carl Bagger,1807—46）によって紹介されたこの潮流は、パルーダン＝ミューラーによって消化された。かれは、懐疑と絶望の内面的苦悩を、神と女性への信仰という内面的な主体性によってのりこえようとした。そしてこの立場からかれは、当代の時代精神の浅《せん》薄《ぱく》な外面的傾向にたいして、はげしくたたかったのである。

このパルーダン＝ミューラーのしごとを内面的にうけつぎ、その反抗と否定の精神を信仰の世界にむけて集中していくのが、キルケゴールのばあいであった。

キリスト教界の状況

当時のデンマークは、福音主義的ルター的キリスト教を奉ずる国教会が信仰生活を独占的に支配する体制をとっており、国家と教会は表裏一体の関係をなしていた。国王は、教会の最高権力者としてこれに君臨していて、国家は同時に教会であり、教会は同時に国家であるというたてまえになっていた。そして、この国教会の公認のキリスト教神学は、シェラン監督区の監督の神学的立場によって決定された。

当時の国教会は、三つの方向からの攻撃にさらされていた。一つは、ドイツのカントやシュライエルマッヘルの影響をうけた合理主義神学者たちからの攻撃であって、かれらは国家と教会の分離を主張する自由主義的立場をおし出して、国教会の改革をせまっていた。もう一つは、デンマークの国民大衆を代表する農民階級による原始福音信仰に復帰しようとする立場からの攻撃であった。かれらは、思想的武装によって信仰を権威づける国教会のキリスト教をすて、原始キリスト教の福音を直接に信じようとして、自分たちだけで集会をもち、それはやがて、全デンマークの庶民たちの運動にひろがっていった。この庶民的覚醒《かくせい》派の運動は、グルントヴィとグルントヴィ主義に立つ神学者や牧師たちに指導されることによって、国民主義的運動にまで発展していった。もう一つの攻撃は、この国民的宗教運動の側からのものであって、その先頭にはグルントヴィが立っていた。かれは、「死せる言葉」である聖書以前に「生ける言葉」であるイエス＝キリスト自身をみつめ、「イエスと弟子との関係」の中にこそ教会の真の始源があると信じた。そして、このような信仰にもとづいて国民みずからの教会を建てようとしたのである。

グルントヴィ

このような教会改革の運動は、一八四九年の自由憲法によってその目的を達成した。その第三条は「福音主義的ルター教会はデンマークの国民教会であり、そのようなものとして国家の保護をうけるものとする」と規定して、「国家教会」から「国民教会」への変革を宣言した。こうして教会は、国家と政治から独立した形で、直

若きJ.P.ミュンスター監督

接に国民に所属するものとなった。またその第八一条では、国民教会からの離脱の自由が規定され、信仰の自由が保障されることとなった。

こうした動向のなかで国教会の権威を守りつづけたのが、シェラン地区の監督ミュンスター（Jakob Peter Mynster, 在位1834—1854）であった。かれは、キルケゴールの父の宗教上の師でもあり、抱擁的《ほうようてき》な人格と「調停的神学」の立場に立って寛容な統卒力を発揮したので、さしもの論争家キルケゴールも、かれの存命中には、公然たる国教会攻撃をなすことはできなかったのである。「調停的神学」とは、オーソドックスな神学と、合理的神学の中間に立って、宗教的信仰の権威を代表するものとしてオーソドックスな神学を認めると同時に、その内的生命をよみがえらせる道具として聖書についての合理主義的・批評的研究をも認めようとする、ロマンティークの立場に立つものである。ミュンスターは、国教会をゆさぶっている時代精神としての「合理主義」を、ロマンティークによってのりこえ、オーソドックスな神学の内的生命をよみがえらせるための武器としてこれを活用した。「覚醒派」と「グルントヴィ派」による攻撃にたいしては、妥協の才を発揮して、それらの運動の偏狭性、独善性、狂信性が国教会全体の教会生活に被害を及ぼさないように制限を加えるにとどまった。

一八五四年にミュンスターが死ぬと、マルテンセン（Hans Lasse Martensen, 在位 1854—1884）が監督の座をついだ。かれは、ヘーゲル学者としてはすぐれていたが、監督としては器量が小さく、独創性にとぼしい人格のもち主であった。かれは、その卓越した学識と才知によって神学的外形を体系的につくろうことは巧みであったが、信仰の内的生命をよみがえらせる魂の深さを欠いていたので、国教会派を形式的に維持するだけにとどまった。キルケゴールが猛烈な教会攻撃の戦端をひらいたのは、かれによって代表される国教会のキリスト教が、その内的生命を失い、キリスト教以外の理論の力を借用して論理的体系を固めていかなければならないほどに、本質的には崩壊《ほうかい》してしまっていることを見抜いたからである。マルテンセンは、キルケゴールにとっては、かれの学生時代のテューター（復習教師）であったが、マルテンセンのあまりにも抽象的・神学的な考えかたは、内面的な信仰を重んずるキルケゴールにとって、がまんのならない異端としてうつった。そして、かれとの論戦にすべての力をそそぎつくして、キルケゴールは死んでいったのである。

H.L.マルテンセン監督

キルケゴールの生いたち

幼少のころ

老人の子

キルケゴールは、一八一三年五月五日に、父ミカエル＝ペーデルセン＝キルケゴール（Michael Pedersen Kierkegaard, 1756—1838）と母アンネ＝セーレンダッテル＝ルン（Ane Sørendatter Lund, 1768—1834）の七人目の末っ子として、デンマークの都コペンハーゲンに生まれた。父は五六歳、母は四五歳で、まったくのとしより子であったわけである。

そのせいか、キルケゴールはひじょうに病弱で、せむしぎみの貧弱な体格しかもっていないことが、かれの全生涯を通じての悩みのたねとなった。かれはよくそれについて、「私の霊魂と肉体の不均衡」といった。老年の末っ子として、両親や兄弟たちに愛されて育ったのであるが、とくに、宗教心のあつかった父親の影響をつよくうけたこともあって、「私は生まれたときすでに老人だった」、と自らの幼時を追憶するようなありさまであった。

しかし、このことは、キルケゴールの精神上の才能をのばす点では、むしろプラスとなった。このころの自分じしんについて、キルケゴールは、つぎのような日記をしるしている。

「かよわく、細々とし、そして弱くて、肉体的にはほとんどあらゆる点で、他の者と比較すれば完全な人間としてとおりうるための条件をうばわれていた。また、憂鬱で、心に悩みをもち、内面的に不幸であったが、しかし、ただ一つのことが私に与えられていた。それはすぐれた機敏さであって、これはおそらく、私がまったくの無防禦とならないためだったろう。少年のときすでに私は、自分の機敏さを意識していた。そしてそれが、強い仲間に面とむかったときの私の力だということを知っていた。」

「幼いころから私は、狂気に接するようななんらかの苦脳に釘づけにされていたのであって、それはおそらく、その深い根拠を、私の霊魂と肉体の間の不均衡にもっていると思う。私の精神はおそらく、霊魂と肉体の間の緊張した関係によって、たぐいまれなほどの張力をえているのだろう。」

父のミカエルはいやしい身分から勤勉と商才をもって財をきづいた裕福な毛織商人であったが、一七九七年にアンネと再婚するころに四〇歳の若さで引退し、宗教や哲学などに関心をよせた静かな内面生活を送っていた。キルケゴールの生活は、この父親の財産に寄食するような形で営まれたものであったのである。

キルケゴールの生家（左角の家）

母アンネ

父ミカエル

母のアンネは、ミカエルのさいしょの妻が、二年間の結婚生活の後に子どもを残さずに死んでから、その服喪の年が明ける前に、女中から後妻となった人で、結婚してからおよそ五カ月後にはさいしょの子を生んだ。結婚前にすでにミカエルの子を宿していたのである。このことは、敬虔《けいけん》なキリスト者であったミカエルの生涯を通じてかれを苦しめることとなったが、この父の不倫と苦悩は、のちにセーレン＝キルケゴールの悩みともなり、キルケゴールの思想と生涯にたいして、決定的な影響を与えることとなった。

父と子

キルケゴールは、父から、宗教や哲学についての深い内面的な関心と、鋭い対話（弁証）の術と、異常なまでにゆたかな詩的想像力と、そして抜きがたい憂愁の気分をゆずりうけた。かれほど、父との関係から決定的な影響をうけた思想家もすくないであろう。

父ミカエルは、ユトランド半島の西岸中部の荒地セディング(Saeding)に、貧しい農民の子として生まれた。当時のセディングは、耕地とてもないヒースの生い茂る小石まじりの荒土であって、羊飼いと泥炭掘りが貧しいその日ぐらしをやっと立てていた、人家まばらな荒野であった。ミカエルは、子どものころ、この西ユトランドの荒涼たるヒース荒野の羊飼いをしながら、寒さと飢えと孤独な生活に苦しんだ。そして、精神的な天賦《てんぷ》の才をいだきながら、このような苛酷《かこく》な自然のなかで貧困と微賤の生涯を送らなければならない悲運を不満に思う日々を重ねていた。そして十二歳になった一七六八年のある日、はげしい雷雨におそわれたとき、絶望にかられてはげしく神を呪《のろ》った。このただ一度の神への反抗の想い出が、敬虔《けいけん》なミカエルの生涯にわたる良心の疼《うず》きとなって、かれの宗教心を一層はげしくかきたてる原動力ともなった。かれは、そのつぐないの意もこめて、老境の子キルケゴールを神に捧げようとねがい、りっぱな宗教者にしたてようと期して、幼時からきびしい宗教的なしつけをこの子に課した。ほとんどコペンハーゲンを離れることがなかったキルケゴールが、北シェランを一度訪れた以外には、シェラン島を越えて試みたただ一度の旅行を、父の死後、かねての父のねがいであった神学の大学卒業試験をパスした一八四〇年の七月にこの地に求め、そこで受けた深い印象を日記にのこしているのをみても、父と子の内面的な心のかよいがどんなに深いものであったかがわかるであろう。

　父ミカエルが神を呪《のろ》ったその直後に、突然、母の兄の招きでコペンハーゲンに出てからは、靴下商からしだいにその店をひろげ、織物や食品材料を手広く扱う卸商になった。四〇歳で引退してからも好運はかれについてまわった。キルケゴールが誕生した当時のデンマークには、ナポレオン戦争の敗北によってインフレの波がおしよせ、多くの富裕《ふゆう》な人々が没落していったのであるが、ミカエルはその財を国債に投資すること

キルケゴール家の発祥地（セディング）にたつ記念碑

によって、かえって多くの富をえた。国債の所有主に戦勝国である英国人が多かったために、国債にたいしてだけはもとどおりの価値を政府が保証することとなったからである。

不満の絶頂に達して神を呪《のろ》ったその直後に開けたこの富裕への道をたどりながら、ミカエルは、そこに神の手がはたらいていることを見、この経済上の繁栄がかえって神の復讐《ふくしゅう》ではないかとおびえた。こうしてかれの内面生活は、ぬきがたい憂愁の連続であった。神を痛切に求めながらもその祝福を信じきることができない圧しふさがれた心、それが父ミカエルに、哲学的な弁証の才と詩的な構想の力をよびさましていった。

ミカエルが果たそうとして果たしえなかった宗教的信仰の浄福を、かれは子どもたちに期待した。長兄ペーター＝クリスチャン（Peter Christian）は、グルントヴィ派の牧師となった。しかし、父の期待は、とくに末子セーレンにかけられていた。宗教的な敬虔《けいけん》と義務をたいせつに考えるような生活を、父はこの子にたいしてきびしく求めた。そして子どもの方でも、父にたいする素朴《そぼく》な愛情と尊敬の念にもとづいて、父の期待にこたえようとする従順な努力が積み重ねられていった。あとでキルケゴールは、「もっと自由に子どもらしく育ててもらったならば、もっと素直《すなお》に神の祝福を信ずることができたであろうに」、となげき、「私は生まれたときから老人であった」、となげくようになるのだが、父のこのような宗教的教育は、キルケゴールの心中に、永遠を求め、永遠に根拠して現在を生きるところに人間としての真の幸福を求めようとする、敬虔な生活態度をはぐくんでいくこととなったのである。

セディングの風景（キルケゴール家はユトランドのセディングが発祥地である）

けれども、父と子のこのような関係は、決してたんに沈鬱《ちんうつ》なだけの重苦しいものではなかった。父ミカエルは、たんに宗教的な関心ばかりではなく、哲学に深い関心をもっていて、友だちを招いて哲学上の問題を論じ合うことが多かったのであるが、この論争をそばできいることが、幼いキルケゴールのたのしみの一つであった。ここで発揮される父のすぐれた弁証の才は、若い子にとって讃嘆と驚異のまととなった。わかりきったようなことのなかに問わるべき問題を見つけだし、それを問い正していくことによって、常識的な見解がもっている矛盾を指摘してそれを逆転していく父親の対話のしかたから、キルケゴールは、ソクラテス的な皮肉《アイロニー》の方法を学び、精神のもつ内面世界のゆたかな可能性に魅《み》せられていくのであった。

父ミカエルはまた、ゆたかな想像力をもって、子どもを楽しい幻想の世界に案内してくれた。キルケゴールが外へ遊びに行かせてほしいといっても、父はそれを許さず、その代わりに部屋のなかで子どもの手をとって歩きまわりながら、町や海岸や森をまのあたりに見たり、聞いたりしているように物語ってくれることが多かった。父とともにするこうした想像の楽しさをもっていたので、かれには玩具《がんぐ》も娯楽品も必要がないほどであった。

女中あがりの母

ハムレットが母親にたいして沈黙を守ったように、あれほどに父との関係を気にかけて語ったキルケゴールも、母アンネについては一ことも語ってはくれない。しかしキルケゴールは、この快活で気だてがやさしかった母親からは、陽気でユーモラスにふるまう社交的な能力をゆずりうけた。学校時代のかれは、先生や友だちから、快活で機智に富む陽気な子として迎えられた。ちょうど太宰治が『人間失格』で自分じしんの子ども時代をそのように描いてみせたように、キルケゴールも、父からゆずられた深い憂愁と絶望感を心中深くにいだきながら、外面的にはほがらかな道化師のようにふるまって他人をよろこばせるという、母親ゆずりの陽気な快活さにめぐまれていた。青年時代以降になってからのそれは、多くのばあい、虚無感をごまかす必死の泣き笑いの表情にすぎなかったのではあるが。

母アンネは、父と同じユトランド出身の遠い親戚の女で、父の先妻が死ぬ前から、キルケゴール家に女中として住みこんでいた人であった。父ミカエルは、先妻が死んでまもない一七九七年四月二六日にアンネと再婚し、アンネは、結婚後四か月と一一日目に当たる一七九七年九月七日にさいしょの娘を生んだ。その後、つぎつぎと七人の子を生んだが、たいていは夭折《ようせつ》して、セーレンよりも長生きしたのは、長男のペーターだけであった。母アンネは、つぎつぎと生まれる子どもたちの世話や家事によくつとめたのであるが、父はこの母親をふつうの妻や主婦としてとり扱ってはくれなかった。家計その他のだいじな家事はすべて、父の指示によってとり運ばれたのである。女性についてあんなに多くのことを美しく書いたキルケゴールが、レギーネ嬢との熱烈な恋愛を結婚によって完成することができなかったことや、またかれが、女性のもつ最も高貴でやさしい母親としての姿に思いをめぐらせることに欠けていたのは、ある程度は、このような父母の家庭生活からの影響であったとみてよいであろう。

家庭内での位置がこのようなものであったにしても、キルケゴールの母は、陽気で、親切で、やさしさを失わない人であった。この母について、彼女の孫娘のルン(Henriette Lund)は、つぎのように書いている。

「ありきたりの、そして愉快《ゆかい》な気質の、愛すべき小さい婦人。子どもたちの進歩と高い飛翔《ひしょう》は、彼女には、彼女が安楽に感じていてそこに子どもたちをひきとめておきたいと思った場所から、飛び立って行くことのように思われた。それだから、病気などでかれらが彼女の保護のもとに帰って来なければならなかったときほど、彼女の機嫌《きげん》のよいときはなかった。そのときには、彼女は喜んで支配権をふりまわし、牝鶏が雛にするように、かれらを居心地よく世話してやるのだった。」

キルケゴールはこの母親から、陽気さという、父親の憂愁とは反対の性格をうけついだ。かれは、子どものように感じやすく、そしてやさしかった。かれは、いつもユーモラスで気まぐれだった。母親ゆずりのこの性格によってかれは、先生や友だちに愛された。かれが一八二一年に入学したギムナジウムの校長から受けとって大学に提出した人物証明書には、「愛すべく好ましい若者」と書かれている。幼少時代のかれの姿を示すために、この証明書の一節を引用しておこう。

「かれはいい頭脳をもっており、高級な関心を要求するすべてのことに心を開いている。しかし、長いあいだ非常に子どもじみていて、まったく真剣さがなかった。そしてかれは、自由と独立をこのむ。それは、かれの挙動のなかにみられた、たちのよい、しかしときたま人をかつぐ腕白《わんぱく》さに示されている。」

学生時代の魂の放浪と「大地震」

自由な教養を求めて　キルケゴールは、愛《いと》しい末子を神に捧げたいという老いた父の願いにしたがって、一八三〇年に一七歳でコペンハーゲン大学に入学し、多感な青春時代を、ここですごすこととなった。この時代は、キルケゴールにとって、まことに波乱に富む精神的な苦脳を体験する時代となり、かれの思想の基本方向が決定される時代となるのであるが、一八三五年のいわゆる「大地震」体験を境にして、その前後にはっきりと一線を画することができるような魂の変革が見いだされる。

大学入学後のさいしょの二、三年については、あまり多くのことが知られていない。かれの死後に公刊された二〇巻にもおよぶ膨大《ぼうだい》な日記をかれが書きはじめるのは、一八三四年四月一五日からであり、この年の七月三一日には母の死を迎えているのであるが、これについてはまったくふれることなく、内容はほとんど神学に関する感想文であって、量的にも四・五個の記入にすぎない。一八三五年の日記も、すべて神学に関するものばかりである。

しかし、このことは、キルケゴールが神学の研究に没頭したということを意味しはしない。かれはこの時期に、神学よりは文学や哲学などの自由な教養を求めて魂の遍歴をはじめ、多面的な興味に目ざめて学生たちの討論クラブやカフェや劇場に出いりし、街路上に気晴らしを求めて放浪したのである。こうしてかれは、しだいに父親からの精神的離乳と独立の道を歩みはじめる。

一八三四年の春にかれは、大学で最良のチューター（学習指導教官）であるという評判が高かった兄のペーターをさし置いて、マルテンセンを自分のチューターに選び、シュライエルマッヘルの研究をはじめた。マルテンセンは、ただちにこの学生の非凡な才能を認めたが、しかし、かれをあまりに「詭弁的《きべんてき》」だと考えた。他方、キルケゴールの側ではマルテンセンに、「どんな主題についても底に達したことがないなまぬるさ」を感じとった。こうして、キルケゴールがのちに死を賭《と》して戦いをいどむこととなったマルテンセンとの出合いは、不吉な決裂の予感をただよわせながら、キルケゴールの神学研究の出発点でもたれていたのである。

父や兄との葛藤《かっとう》

一八三五年に入ると、キルケゴールの多様な関心と自由な生活へのあこがれから、かれの研究の主題は、しだいに神学からはなれて、文学や哲学の方向に求められていった。こうしたかれにとって、きびしい宗教的な雰囲気に包まれた家庭での生活は、せまくるしく、重くるしいものと思われた。

　この空気をやわらげる役割を果たすべき母親は、もはやその前年の七月に亡くなっていた。兄のペーターは、まじめな神学者としての精進を重ねながらも、父親ゆずりの憂愁な心にとらわれていた。そして、弟のキルケゴールが神学から離れていくのを心配する一方では、その弟が自分よりもより多くの父親の愛情と期待の対象となっていることについて、つよい不満を感じていた。父はまた、妻や三人の子どもたちが三二年から三四年にかけて、つぎつぎに死んでいくという悲運と、キルケゴールが神学から遠ざかっていくことを前にして、深い憂愁にとらわれていくのであった。兄と弟の不和も、父の心を深く悲しませた。このような重苦しい家庭生活のなかで、キルケゴールは、父や兄からの精神的独立を求めて、あがき苦しむという、内面的な苦脳のとりことなった。そして、この内

大学時代のキルケゴール
（ヤコブセン画）

面的な苦悩がはげしければはげしいほど、表面的には、はなやかな社交生活に足を向けていくのであった。こうして、それまで比較的おちついて安らかであった家庭生活は、暗い生活に急変した。年老いた父と生き残った二人の子とは、まるでにくみあうために身をよせあっているようなものであり、墓のかたわらにいるかのようであった。

北シェランの自然風景

　こうした状態にあった一八三五年の七月末から八月にかけて、父は、家庭をつつんでいる絶望的な空気を忘れさせ、乱れた生活の反省をさせて、ま近にせまっていた大学卒業の神学試験にそなえさせるために、セーレンを北シェランへ旅立たせたのである。

実存思想の芽生え

　このとき、キルケゴールは、シェラン島北端のギレライエを中心に諸方の自然をたずねて遊びまわった。そして、この旅のあいだにかれは、かれの後の全思想の核心となるような思想に到達し、それを八月一日付けの手記に書きとめた。この手記に示されている思想は、キルケゴールの実存思想の萌芽《ほうが》を示しているもので、こんにちの実存哲学はそこで芽生えたと見なされているほどに重要なものである。この手記の要旨は、つぎのようなものであった。

「私に欠けているのは、私は何をなすべきかということについて、私じしんに決心がつかないでいることなのだ。私の使命を理解することが問題なのだ。私にとって真理であるような真理を発見し、私がそれのために生きそして死ぬことをねがうようなイデー[1]を発見することが必要なのだ。いわゆる客観的な真理などを探し出してみたところで、それが私に何の役に立つだろう。

私に欠けていたのは、完全な人間らしい生活を送るということであった。たんに認識の生活を送ることではなかったのだ。こうしてのみ、私は私の思想の展開を、私じしんのものでないものの上に基礎づけることなく、私の実存[2]のもっとも深い根源とつながるものの上に基礎づけ、たとえ全世界が崩《くず》れ落ちようともそれにからみついて離れることのないようなものの上に基礎づけることができるのだ。真理とは、イデーのために生きること以外の何であろう。私に欠けているものはまさしくこれなのだ。だから私はそれを求めて努力しよう。

人は他の何ものを知るよりも先に、自己みずからを知ることを学ばなければならない。さあ、骰子《さいころ》は投げられたのだ――私はルビコン河を渡るのだ！　この道は私を闘争に導くだろう。だが私はたじろぎはし

1) イデー（Idee, Idea）とは、生活原理、生活根拠という意味での「理想」のことであって、抽象的観念のことではない。
2) 「実存」（Existence）とは自覚的な存在としてのこの現実の自分自身のことであって、抽象化され、一般化され、平均化されない、ありのままの自分自身を意味する。くわしくは、一四四頁以降の本文を参照されたい。

ない。過ぎ去った時を悲しもうとは思わない――だって、悲しんだとて何になるものか。私は力強く前進しよう。いたずらに悲しんで時を費やすことをしまい。私は見いだした道を駆けて進もう。」（筑摩書房刊『キルケゴール全集』第二十四巻四九五―五〇三頁の桝田啓三郎氏訳からの要約）

この手記は、キルケゴールが、これまでの懐疑と絶望の状態を超えて、自分じしんがそのために生きそのために死ぬことができるような主体的真理を求めて生きようとする、確固たる決意に到達したことを示している。そして、そのためには、父からの精神的独立をめざしてかれと闘争することを覚悟しなければならない。このような決意をもってかれは家に帰ったのである。

「大地震」と父への絶望的な反抗

八月なかばに旅から帰ってキルケゴールが見いだしたのは、憂鬱《ゆううつ》にうち沈んだ父の姿であった。かれは、悔恨《かいこん》の苦しみに責めさいなまれている父にたいして、闘争をいどむ決意を示す勇気を失った。ちょうどそのころ、キルケゴールが「大地震」と名づけた深刻な衝撃が、かれの魂を打ちくだいた。そして、このとき以来、一八三八年までの期間をキルケゴールは、絶望に駆られて父に反抗し、かれみずから「破滅の道」と名づけた放蕩《ほうとう》の生活におちこんでいく。

それでは、「大地震」とはなんであったたか。まず、この体験を追憶してキルケゴールが書き残した、一八三九年のものと思われる日記の一節を引用してみよう。

「そのとき大地震が、おそるべき変革がおこって、とつぜん私は、あらゆる現象を全く新しい法則に従って解釈しなければならなくされた。私の父が長生きしているのは、神の祝福ではなくて、むしろ神の呪いであったことを、私は予感した。私たち家族のものが精神的にすぐれているのは、ただお互いに争い合うために与えられたものであったことを、私は予感した。私の父が、私たちの誰よりも長生きしなければならない不幸な人であり、父じしんのあらゆる希望の墓の上の十字架であるのを私が知ったとき、死の沈黙が私のまわりに迫ってくるのが感じられた。負い目は家族全体のにならうものとなるにちがいない。神の罰は全家族の上にふりかかるにちがいない。」

色こい絶望の気分にひたされているこの体験の内容がなんであったかについては、キルケゴールは、どこでも具体的に語ってくれてはいない。しかし、それはおそらく、父が犯した罪とそれに基づく深い不安を、キルケゴールがはっきりと知らされたことを意味するものであろうと信じられている。それは、父が少年のころユトランドの羊の番をしていたとき、寒さと飢えにたえかねて神をのろったことであるかも知れない。あるいはまた、抵抗することもできない立場にある処女の女中を父が犯して、結婚以前にその子をはらませたという事実をはじめて知り、自分はそのような罪ぶかい父と母の子であることに気付いたことであるかもしれない。いずれにしても、これまで畏敬してきた父がおそるべき罪びとであることを知り、その父の罪を自分じしんも受けついでいるということ、そして、これこそが父と子の憂愁な性格のほんとうの原因であるということを、キルケゴールがはっきりと自覚させられたことが、この「大地震」の内容であったといってよいであろう。

キルケゴールの兄弟は、七人のうち五人までが一八三四年までの間に死に、そのうち三人と母との四人が三二年から三四年までの三年間に死んでいった。そして、比較的に長生きした二女と三女が、ともに三三歳で死んでいた。この事実を父は、自分が犯した罪に対する神の呪として受けとっていた。「子どもたちはみな三三歳以上までは生きることが許されず、自分は子どもたちよりも生き永らえて孤独な老年を迎えなければならないように定められているのだ」、と父は信じており、「大地震」の体験以後は、キルケゴールもこれを信じて疑わなかった。父が死んだ直後の一八三八年九月七日にキルケゴールが公刊した書名が、『いまなお生ける者の手記より』とされたのは、父よりも長く生きのびたということについてのかれの不審さをよくあらわしている。また、かれが満三四歳に達した一八四七年五月の日記には、つぎのように書かれている。

「満三四歳を迎えたということは奇蹟だ。まったく合点がゆかない。誕生日までに死ぬか、でなければその当日に死ぬということは、私にとって厳然たる事実のはずだった。」

こうした父にとって、キリスト教は、不安やおそれと裏はらのものであった。それだからこそかれは、せめて子どもだけにはほんとうの信仰の祝福を体験させたいとねがっていたのである。しかし「大地震」の体験によってキルケゴールは、父がおしつけるキリスト教をもはや単純に信ずることはできなくなった。深い絶望がかれを襲い、かれは毎日を死の不安と面接して生きなければならないことになった。そのようなキルケゴールにとっては、キリスト教は、父のばあいと同じように、愛と救いの宗教であるよりはむしろ、苦悩と刑罰の宗教となった。このような深い絶望の念にかられてかれは、父にたいして必死の抵抗を試み、快楽

快楽生活の中で不安を体験していた
1836年ごろのキルケゴール

生活にうれいを晴らそうとするあがきをみせていくのであった。（この大地震体験はさいきんの研究では、一八三八年五月五日のことと推定されるようになった。）

虚無《ニヒル》への墜落と覚醒

「大地震」の体験後のキルケゴールは、神学の試験準備をまったく放棄し、内面に死の不安と罪の絶望をいだきながら、外面的にはさまざまな飲み友だちとしきりにカフェーに出入りして、莫大な借金を作るというふしだらな遊蕩の生活におちこんだ。こうして一八三六年五月には、娼家で純潔を失い、その悔恨にかられて、自殺を企てるということにもなった。そして、一八三七年の九月からは、父の家をのがれて気楽な下宿生活をはじめた。さまざまな社交クラブに加わり、ここでかれの機知や弁論の妙を発揮し、仲間たちからもてはやされることに熱中した。こうしたかれにたいして、父はつねに寛大にふるまい、借金の支払いを惜しまなかった。

それはまことに多彩で、内容ゆたかな人生経験の連続ではあった。しかし、そのような生活はキルケゴールの魂をいやすものではありえなかった。それは、父や、世間や、人間や、そしてなによりも自分じしんにたいする復讐《ふくしゅう》であり、泣き笑いの生活であった。このような華やかな生活の奥底にかれが見ていたのは、退屈で無意義な人生であり、虚無の深渕であった。一八三六、七年の日記には、自殺こそが最大の救いであるという絶望的な記述がちらついている。

一八三八年になると、日記の記述は調子を変えて、恢復のきざしを見せはじめる。かれをこの悪夢のような虚無の生活からよびさましてくれたのは、恩師のポール＝マルティン＝メーラーであった。キルケゴールがこの時代の自分の経験を分析した著書『不安の概念』をメーラーに献じたのは、このときの感謝の念をこめてであった。メーラーは、ヨーロッパにおけるニヒリズム[1)]の到来を見とおして、これに警告を発したさいしょの人であるといわれているが、この年の三月に亡くなった。メーラーは、死の床から人を介してキルケゴールに、「君はまったくポレミカル（Polemical）だ」、という警告を与えた。その意味は、知的な抗議という意味での「論争的」ということではなくて、人生に反逆してこれを喰いつくそうとする傲慢をいましめる意味のものであった。

このようないきさつのあとでキルケゴールは、五月一九日には生の深い歓《よろこ》びを体験し、七月九日にはキリスト教に帰ろうとねがい、翌一〇日には父のもとに帰ろうとする希望を、日記にもらしている。

1) ニヒリズム（Nihilism）とは、「何のために生きるのか」という人生の意義を見失い、否定して、この人生を無意義で空虚なものと見る思想上の立場を意味する。

父との和解

こうしてついに、一八三八年八月九日の父の死に先立ってキルケゴールは父と和解し、かれとの約束にしたがって神学の国家試験の準備にとりかかる。そして、自分じしんの体験にもとづいてのみ思索し、自分じしんにとっての真実のみを求め、自分の生き方をとおしてのみその思想を表現しようとした主体的な思想家キルケゴールにとっては、おそらくもっとも苦痛であったであろう試験勉強を、父への愛によって耐えて、一八四〇年の七月に試験を終えるとすぐに、父の故郷のユトランド半島セディングへの巡礼訪問の旅に出て、父への追憶を新たにするのであった。

キルケゴールが、「共感的反感・反感的共感」と名づけた父との関係に反発し、長くて苦しかった父からの離叛の後に到達したこの和解が、かれにとってどんなに貴いものであったかは、一八三八年八月一一日付のつぎの日記によく表現されている。

「私の父は九日の午前二時に亡くなった。せめてもう数年生きていてほしいと私は心から願っていたのであった。父の死は、父の愛を私にもたらしてくれた最後の犠牲だと私は思っている。父は死んで私から去って行ったのではなく、できることなら、将来私がひとかどのものになれるようにと、私のために死んだのだからだ。父の追憶、……これが私にとっていちばん貴いものなのだ。私はその姿を、世間からかくして大切にしまっておこうと思う。」（前掲『キルケゴール全集』第二十四巻五〇八頁）

ただひとりの友

キルケゴールは、この多感な青春時代に多くの人々との多彩な交際生活をもったのであるが、ここでかれは、かれじしんが「私のただひとりのかわらぬ友」とよび、生涯にわたって愛着し、本心をうちあけ合った親友、エミール＝ベーセン（Emil Boesen, 1812—1881）に恵まれた。ベーセンは、後に国教会の副監督になった人であり、思想的には共通点をほとんどもっていなかったのであるが、キルケゴールのよき理解者であった。キルケゴールは後に死の床に伏したとき、兄ペーターの見舞を拒絶し、このただひとりの友ベーセンになぐさめられながら死んでいったのである。この友にたいしてキルケゴールは、父の死の直前の七月一七日付けで、自分の魂の恢復を告げて、つぎのような手紙を書いている。

「親愛なるエミール！　君はぼくの友、唯一の友だ。その君がとりなしてくれたからこそ、ぼくはいろいろとぼくには堪《た》えがたく思われることの多かったこの世に堪えてきたのだ。君はぼくが、あたかも暴れ狂う嵐のように懐疑と不信の念が他

チェスをしているキルケゴール（左）

のいっさいのものを洗い流し破壊するにまかせていたとき、あとに残ったただひとりの人だ。……ぼくはぼくの方舟《はこぶね》を、もっと適切にいえば、ろくでもないものを乗り込ませたぼくの小舟を、もう見捨ててもよいのではあるまいか。ぼく自身の想像があのアトラスのようにぼくにもになえるものと思い込ませ、また、ヘラクレスのような男がぼくをたぶらかして背負わせようとした世界をになおうとして、ぼくの心と背とがその重みに圧しつぶされたとき、ぼくの忠実な友として、君は臆《おく》せずに、しばしば肩をかしてぼくを助けてくれた。その世界はいまぼくの足もとに崩壊しているのをぼくは見るのだが、その世界は、ぼくがその世界にとって無であるように、ぼくにとっては無にひとしくなっているのだ。」（同書五〇八―九ページ）

永遠の女性レギーネへの愛

レギーネとの出あい　キルケゴールが罪の意識に打ちくだかれて絶望の心をいだきながら、快楽と社交によってその憂さを忘れようと必死になっていたちようどその頃、かれは、父と並んでかれにたいして決定的な影響を与えることとなった美しい娘、レギーネ＝オルセン（Regine Olsen,1822―1904）と出合う。それは一八三七年の五月八日から一五日までの間のことであったと推定されている。すなわち、キルケゴールが二四歳の春を迎えたそのころのことである。レールダム家で若い少女たちのパーティが催されていたとき、そこに出入りしていたキルケゴールが、不意に同家を訪問し、そこに集まっていた八人の娘たちの中のひとりであったレギーネを見たのである。ここでキルケゴールは、詩人としての才と会話の妙を十分に発揮して、若い娘たちの心を魅惑《みわく》した。このときキルケゴールは、レギーネにたいして深い恋心を感じ、日記につぎのように書きつけた。

「おお神よ、なぜにこのような愛の心が、今この時に私に目ざめねばならなかったのか。」

この初恋は、しかし、キルケゴールの荒れた生活や父との葛藤《かっとう》、そして和解、神学試験の準備などのために、しばらくその成熟の機会をえないままにうちすぎていく。レギーネもまた、あの出あいから深い印象をうけ、キルケゴールに娘らしい好意はよせながらも、二人だけの愛を語りあうには若すぎた。キルケゴールは、心中深く彼女にたいする愛の心をいだきつづけ、一八三九年二月二日の日記には、「レギーネよ、わが心の女王よ」と書きつけて、かの女にたいする決定的な愛の告白をしているのであるが、自分の方から積極的にかの女の愛を得ようとしてかの女に接近していくようなことをいましめた。

レギーネは、名誉顧問官としての要職にあったテァケル＝オルセン（Terkel Olsen,1789—1849）の末娘であったが、この父は、レギーネの家庭教師であったシュレーゲル[1]（Johan Frederik Schlegel, 1817—1896）とレギーネとの、結婚を前提とした交際を許していた。

1) レギーネは後にかれと結婚し、かれが西印度諸島総督となって赴任したときも、かれに従った。そしてそれは、キルケゴールが死んだその年であった。シュレーゲルはさらにその後、市長・上院議長・枢密顧問官の要職に栄達したのであるから、能力・手腕にすぐれ、誠実な人柄の人でもあったのである。

（キルケゴールの永遠の恋人）
レギーネ＝オルセン

このシュレーゲルもまた、レギーネの美貌と愛らしさに魅了《みりよう》されて、彼女に求愛していたのである。

こうした状況にあった一八四〇年の七月三日、キルケゴールは念願の神学試験を優等でパスし、父への愛とレギーネへの恋心を秘めながらユトランド半島への旅に出る。この旅から帰ったキルケゴールは、かの女への積極的な接近を開始し、かの女の愛をシュレーゲルから自分の胸に奪い返そうと決意する。

誘惑者キルケゴール

一八四〇年八月から九月にかけて、キルケゴールは、ローマン的な社交家としてのありったけの才能を駆使してオルセン家の客となり、たちまちにして娘と、世才に長《た》けた名士であったその父との心をとらえてしまう。この間のいきさつは、かれが一八四三年二月に発刊してコペンハーゲンの全読書人を魅了させた処女作『あれか―これか』第一部のさいごの章である『誘惑者の日記』に、いきいきと描写されている。こうしたかれの才能に比較すれば、シュレーゲルは輝きのない退屈な男にすぎないように思われた。こうしておいてキルケゴールは、一八四〇年九月八日には、レギーネに結婚を申しこみ、九月一〇日には婚約の返事をうるというスピードぶりであった。

それでは、キルケゴールは、得恋者として、勝利の美酒に酔いしれることができたのであろうか。多くの婚約者たちのように、甘い幸福の蜜を吸いあうことができたであろうか。なるほど、かれは、一方では世間ふつうの男たちのように、かの女の愛をえたことを心からよろこんだ。そしてかの女のかれにたいする愛をかきたてるために、婚約後のさいしょの数か月は、彼女をよりつよく魅惑しようとして全力をつくした。だが、その深い内心には、憂愁家キルケゴールの暗い魂がぶきみな傷口をひろげて、かれを責め苦しめていたのである。しかもこの内面的な苦悩は、かれのレギーネへの愛が深まり、また、レギーネの彼への愛が昂《たか》まってくればくるほど、その激しさを加えてくるのであった。かれは、その頃の日記に、つぎのように書いている。

「しかし内面はどうかと言えば、婚約の次の日に、私は過失を犯したことに気づいた。悔いあるものである私、私の経歴、私の憂欝、それだけでもう十分であった。私はそのころ、書き表わせないほど苦しんだ。」「私が悔いあるものでなかったら、過去の経歴をもっていなかったら、憂欝でなかったら、かの女との結ばれは、かつて夢みたこともないほど私を幸福にしてくれたことであろう。しかし悲しいかな、私じしんが変わらないかぎり、わたくしはかの女とともにある幸福よりも、かの女なきわたくしの不幸においてこそ、いっそう幸福でありえたといわねばならなかった。」

キルケゴールは、レギーネを愛すれば愛するほど、かの女の幸福をねがえばねがうほど、自分がそれにふさわしくない人間であることに気付いて、思い悩むのであった。その身体的な欠陥のゆえに、また、父とともにする罪のゆえに、かれは、迫りくる死を予感して生きている人間であった。また、放蕩《ほうとう》な過去をもち、ただ一度であったにせよ、娼家での自分の不倫の落し種が、この世のどこかで父をうらみながら暗い生を送っているのではないか、というおそれがあった。そして、父親ゆずりの憂鬱な性格があった。昼の快活な社交家の内面には、レギーネがうかがい知ることのない沈鬱な痛悔者の暗い魂と、神を信じようとして信じえない夜の反省家キルケゴールの姿があった。キリスト者として愛し合うためには、神の愛を信じ、神を介して愛し合うことが必要である。その神を信じえないとすれば、真に愛し合うことができない。愛なくして結婚することは、相手を不安にし、相手を深く傷つけることになる。こう考えてキルケゴールは、レギーネへの愛を、彼女を自分からつきはなすという逆説的な形でつらぬこうと決心したのである。

こうしてキルケゴールは、レギーネのキルケゴールへの愛情が、小娘らしい傲慢《ごうまん》な愛から女らしい献身的な愛へと成熟していったちょうどそのとき、正確にいえば一八四一年の八月一一日に、婚約指輪をつぎの短い手紙とともに返送して、婚約破棄の一方的な通告を敢行する。

「どっちみち起るにきまっていることを何回もためしたりしないために、このようにします。しかし、このことが起ってしまえば、必要な力が与えられるでしょう。だからそうします。とりわけ、これを書いている者を忘れないで下さい。何かなすところがあったとしても、娘を幸福にすることだけはできなかった男を、ゆるして下さい。絹の紐を送ることは、東洋ではそれを受けとる者には死罪を意味します。指輪を送ることは、このばあいには、それを送る者に死罪を意味するでしょう。」

この突然の婚約破棄の申し出に接して、レギーネのかれにたいする恋情は、逆に火のようにもえさかった。かの女は、その取り消しを嘆願しつづけ、かれが心の動揺をおさえながら巨人のようにかの女をつきはなすにおよんで、悲嘆のあまり自暴自棄となり、自殺すらもほのめかしてかれに迫った。さいしょは憤慨してかれを責めたかの女の誇り高き父も、娘の半狂乱の姿をあわれみ、かの女とともにかれに哀願した。しかし、キルケゴールの決意は動かなかった。ハムレットがオフェリアをつきはなしたように、キルケゴールは、真の愛のゆえに別離の悲しみに耐えとおすことを選びとろうとしたのである。こうしたいきさつの後に、十月一一日にはレギーネとの関係をさいご的に打ちきり、同月二五日には、一年半はとどまるつもりでベルリンへと旅立った。この八年後にかれは、当時を追憶してつぎのように書いている。

「わたくしがこのいきさつから悪党として現れ出るということ、できれば大悪党として現れでるということは、かの女を自由にし、そして結婚に追いやるためになしうるただ一つのことだった。わたくしはベッドの中で泣きながら夜々をすごした。しかし、昼の間はふだんと変わらなかった。むしろ前よりも陽気で機智に富んでいた。それが必要だったのだ。わたくしはベルリンに向かって、旅立った。わたくしはおそろしく苦しんだ。わたくしは毎日かの女を思い出した。わたくしが今日までどんなことがあっても守ってきたことは、毎日少なくとも一度はかの女のために祈ることであった。絆《きずな》がたち切れたときに、わたくしの印象はつぎのようなものだった。おまえは粗野な歓楽に身を投げこむか、さもなければ、牧師のまぜ物とは別種の絶対的な宗教性に身を投げ入れるかだ。」

永遠の愛の結晶としての審美的著作　レギーネとの恋愛体験は、かれの内面に、深い宗教的な思索の世界を切りひらいていくことになった。神をとおしてレギーネとの愛を永遠の愛に深めることが、かれにとっての課題となった。

この体験の一年後にかれはつぎのように書いた。「もしわたくしが信仰を持っていたなら、わたくしはレギーネのもとに止《とど》まったであろう」と。憂鬱な性格をもってかの女をなやますであろうと迷い、病弱と短命をもってかの女の幸福をおびやかすであろうとおそれたのは、すべてを神の愛のみ心に委ねることができなかった、傲慢な不信のなせるわざであった。そのような不信をいだきながら、かの女との感性《パトス》的な愛情におぼれこもうとしたのは、結果としては、かの女を誘惑して自分だけの官能の満足をむさぼろうとした、無責任な誘惑者の生活と何らの違いもない。このことを徹底的に反省して感性的な生活の空《むな》しさを清算し、神への愛にめざめてレギーネへの愛を完成しようとして、キルケゴールは著作活動へと没頭していく。

こうして、一八四一年から四五年にかけて、かれは、『あれか―これか』、『反復』、『おそれとおののき』、『哲学的断片』、『不安の概念』、『人生行路の諸段階』などの名作を、つぎからつぎへと著作し、これを「私のただひとりの読者」レギーネへと捧げたのである。そして、かれの破約の真意と、かれの愛情の深さを、これらの著作をとおしてレギーネが理解してくれるであろうことを、ひそかにねがいつづけたのであった。これらの著作は、そのどれもみな、当時のコペンハーゲンの話題の中心となったすぐれた文学的・思想的・宗教的作品であるが、そのいずれもみな、ただひとりの読者レギーネにかれの真意をつたえ、かの女とともに永遠の愛に生きようとねがって書かれたものであった。かの女なしにはこれらの名品は生まれなかったであろうし、かれなしにはかの女の美貌が歴史に記憶されることもなかったであろうことを思えば、まことに二人の愛は、永遠の生を歴史がつづくかぎり生きつづけていくこととなったのである。

キルケゴールは、この現世の生においても、もし可能なものならばレギーネとの愛の生活をとりもどしたいとねがったこともあった。第一回ベルリン旅行で、ヘーゲル哲学の批判者シェリングに多くの期待をいだいてその講義を聴講するかたわら、『あれか―これか』の執筆に没頭しながら、一年半の予定を、滞在四か月ほどできりあげて、一八四二年の三月に帰郷するのも、「シェリングのたわごとにがまんができなくなった」(同年二月四日の日記)だけではなくて、レギーネへの断ち切りえない想いにかられてのことであったであろう。また、一八四三年の四月一六日、教会でレギーネから微笑をこめた会釈をうけて、この世でのレギーネとの愛の「反復」の可能性を期待し、そのことをわが心にたしかめるために、第二回のベルリン旅行を試み、一か月ほどで名作『反復』を仕上げて帰ってくるのであった。

しかし、レギーネは、このときすでに、シュレーゲルとの婚約生活にはいっていたのである。そこでかれは、これ以後は、永遠の世界でのかの女との愛の完成と、それによってかの女を歴史上の人物に高めるために、著作活動に全努力を集中していくのであった。一八四九年の日記には、つぎのように書かれている。

「わたくしの死後、著作はかの女とわたくしの亡父に捧げらるべきだというわたくしの意志は変わらない。」「わたくしの生存は、絶対にかの女の生涯に重点を置くようにしなければならない。わたくしの著作家活動もまた、かの女にたいする栄誉と称讃の記念碑と見なされなければならない。わたくしはかの女を、ともどもに歴史の内へ連れていく。憂愁のなかでもかの女を恍惚《こうこつ》とさせるという唯一の望みをいだいていた私の願も、そこでは拒《こば》まれないのだ。そこではわたくしは、かの女と並んで行くのだ。わたくしは勝ちほこって式場長のようにかの女を導き、そしていう。どうかわたくしたちのたいせつな、愛する、いとしいレギーネに席をちょっとお空け下さいと。」

一八四九年五月にレギーネの父親が死んだのちに、キルケゴールは、兄妹のような関係を復活したいというねがいをこめたレギーネへの手紙を、かの女の夫シュレーゲル宛の手紙に同封し、かの女がそれを読むべきかどうかをかれの判断にゆだねようとした。血のにじむような多くの下書きの後に完成されたこの手紙を、キルケゴールは同年一一月一九日に発送した。しかしシュレーゲルは、妻の心の平安を乱すことをおそれて、かの女の諒解の上で、未開封のまま、キルケゴールに返送した。それでもなおキルケゴールは、レギーネとの和解を念じつづけた。かれは、兄に宛てた手紙の形で作られた遺言書のなかに、つぎのように書いた。

「わたくしの以前のいいなずけであったレギーネ＝シュレーゲル夫人が、わたくしの遺しうるわずかなもののすべてを無条件に相続することは、もとよりわたくしの意志である。……私が云いたいのは、わたくしにとっては婚約は結婚と同じ義務をもたらしたものであり、また現にそのようなものであるということである。そしてそれだから、わたくしの遺産はちょうどかの女と結婚したばあいとまったく同じように、かの女に帰属するということである。」

キルケゴールのかの女にたいする愛の想いがどれほど深いものであったかは、これによっても知ることができるであろう。

「コルサール事件」――世間との出あい

著作活動から 田舎牧師への志向　キルケゴールは一八四三年から四五年にかけての猛烈な著作活動をとおして、亡父に捧げる宗教的な美しい講話集を実名で書くことと平行して、「わたくしのたったひとりの読者」レギーネに捧げる詩情あふれる作品を匿名《とくめい》で著作しつづけた。この匿名で出された作品の主題《モチーフ》となったものは、第一には、美的あるいは感性的な迷いから人間を救い出すために、美的詩情の世界がもつあらゆる可能性のひだを明るい光のなかにもたらすことによって、その内的な空しさを示すことであった。そして、主題の第二は、汎神論的《はんしんろんてき》な思弁[1)] (Speculation) や抽象的な体系が、人間を反省的な可能性の海に溺《おぼ》れこませて、現実の自己を蒸発させてしまわないようにと警告することであった。ソクラテス的な皮肉《アイロニー》の方法を学んで、詩的空想や抽象的思弁の世界に人々を導き入れながら、その内的な空しさに気づかせるという

1) ヘーゲル哲学で重要な役割をつとめることばで、すべての実在するものごとを高い立場から観照し反省することによって、これを一つの体系にまとめあげようとする思索態度を意味する。反省的考察とか、抽象的考察という意味をもち、経験的な思考や情意的な行為に対比して使用される。

手法がとられた。こうしてかれは、当時の人々、わけてもレギーネを真のキリスト者へと覚醒させようとしたのである。後にかれが書いた自作解説の書、『わが著作活動の視点』でのかれじしんの説明によれば、こうしてかれは人々を、「真理のなかへとだましこもうとした」のである。

これらの著作をかれは、一括して、「審美的著作」と名づけ、これを、実名で出版した宗教講話や一八四六年以降の「宗教的著作」から区別している。「審美的」(aesthetic)ということばは、カントの哲学用語がそうであったように、感性的とか、受動的とか、享楽的《きょうらくてき》とかいう意味で使用されているのであって、意志的な決断や自発的な自己限定を無限に延期しようとする、過剰な反省態度もこの中に含めてキルケゴールは使っているのである。

すべてのものごとを抽象的な観念の世界にとかしこんでしまって、その具体的な個性を見失ってしまう近代哲学の傾向にたいして、キルケゴールはにがにがしく思っていた。そして、このような傾向を導き出した元凶《げんきょう》は、反省的な意識に真理の規準を求めようとしたデカルト哲学にあると考え、これを批判するために、一八四二年から三年にかけて、未完の論文『いっさいのものが疑われねばならない』を書いたりもした。

しかしいまや、このような危険な傾向を代表するものは、亜流ヘーゲル哲学の流行であることを、かれはみた。こうしてかれは、ヘーゲルの観念哲学を批判するための書『哲学的断片』を一八四四年の六月に出版した。そして、この書にはじめて、刊行者として実名を付した。引きつづいてかれは、ここでの思想をより詳細に展開するために、『哲学的断片へのあとがき』を書きすすめていた。この本は、一八四六年の二月に出版されたが、この本には、「結びの」(Concluding) という形容詞が付けられた。そしてこのことばは、当時のキルケゴールの心境をもっともよく示すものであったのである。

かれがこれまで公刊してきた匿名の著書は、その主題や文体によって、著者がキルケゴールその人であることを、人々に知らしめた。キルケゴールは、当時のコペンハーゲンにおけるすぐれた文学者であり、思想家であるという名声に輝いていた。詩的空想や美的・感性的な享楽《きょうらく》のむなしさについては、かれはすでにこれまでの著作で、あますところなく書きつくした。いま、ヘーゲル批判のこの『あとがき』で思弁のむなしさを書きつくすならば、あとは書くべき必要はなにも残っていない。この名声の頂上で筆をおいて、あとは静かに片田舎の教会に隠退し、神に仕える敬虔《けいけん》な一キリスト者として余命をおくろう。自分がそれ以上に生きることはあるまいと覚悟していた三四歳も、もう間近かである。こうして父へのさいごの供養《くよう》につとめよう。このような想いを秘めてかれは、この『あとがき』をもって著作活動を完結するために、この書の完成にうちこんでいくのである。

しかし、かれのこの願いは、突然かれの身にふりかかってきたマスコミの災害によって断ち切られることとなった。それが有名な、「コルサール事件」である。そこで、その内容と経過の大要をみてみることにしよう。

マスコミの暴力に対面して

一八四五年四月三〇日にキルケゴールは匿名で、『人生行路の諸段階』を出版した。これにたいする悪意に満ちた人身攻撃的な批評文が、「大地」という雑誌にのった。その執筆者は、キルケゴールの学生時代の友人で、コペンハーゲン大学の美学教授として名声の高かったエーレンシュレーガーを継ごうとする野心にもえていた、メラー（P.L.MØller）であった。メラーは、ひそかに、当時の有力な諷刺《ふうし》新聞「コルサール」（Korsar）の編集に関係していたが、この新聞は、ゴールスメットによって主宰された、有名人こきおろしを得意とするあまり品の良い新聞ではなかった。そこでキルケゴールはただちに「祖国」という雑誌に反駁文《はんばくぶん》を発表し、「わたくしはむしろコルサールで取りあげてもらいたい。なぜかといって、そこでののしられないただひとりの作家としてデンマークの文学史上に残ることは、作家としてつらいことではないか。P・L・メラーのあるところ、そこにコルサール紙あり」と結んで、コルサールに戦いをいどんだ。

この反駁文によって、メラーがコルサールと関係していることが公然化し、かれの野心はうちくだかれた。こうしてかれは、社会的に葬《ほうむ》られてしまった。しかし、ゴールスメットは、自分におべっかをつかわない唯一の作家として、内心ひそかにキルケゴールを尊敬していたので、かれは、キルケゴールがその非礼をわびてかれとの和解を乞うことを願って、キルケゴールに接近した。しかし、キルケゴールはこのような妥協をにくむ天性のひとであったから、かれにたいして、なんの挨拶もしなかった。そこでコルサールは、全力をあげてキルケゴール攻撃のキャンペーンをはかった。卑劣な反駁文が一八四六年正月二日の「コルサー

ゴールスメットと「コルサールの漫画」

ル」にかかげられた。キルケゴールは再び「祖国」誌で、「罵倒《ばとう》してもらいたいというかねての願いがこれで達せられた」、と応じた。つぎの号の「コルサール」には、『新しい遊星』という見出しの記事とともに、やせこけた足に不揃《ふぞろ》いなズボンをはき、雨傘をこわきにかかえたキルケゴールの漫画があらわれた。それから二か月ほどの間、ほとんど毎号のように、キルケゴールのせむしや、やせこけた足や、だぶだぶのズボンをだらしなくぶらさげたキルケゴールを嘲笑する漫画と、キルケゴールをののしる記事が連載された。

　こうしてキルケゴールは、公衆のもの笑いのたねに仕立てあげられてしまった。だらしない服装をした子どもは母親から、「セーレン＝キルケゴール！」と注意され、キルケゴールの散歩姿を見かけた子どもたちは、『あれか―これか』とかれを馬鹿にするほどであった。キルケゴールは、公衆の悪意ある目や侮辱的な嘲笑を感ずることなしには、コーヒー店に腰をおろすことも、街を歩くこともできなくなってしまったのである。

キルケゴールは、このような卑劣なやり方にたいして、良識ある人々や教会などからの支援を期待していた。しかし、だれひとりとして、かれを助けてくれるものとてもなく、かれはまったくの孤立無援の状態に放置された。学生たちは、このすぐれた人物が泥にまみれた姿を見て、むしろよろこびあった。かれの天才をねたむ大学教授たちは、心ひそかにコルサールに味方して、かっさいを送った。かれは世間からのけものにされてしまった。日ごろコルサールの暴虐《ぼうぎゃく》をおこっていた人々も、かれの味方ではなかった。

かれはこの事件によって、田舎の牧師となって安らかな一生を送ろうとする誘惑をたち切って、著作家としての新たな使命に生きようと決心するようになった。コルサール事件を転機として、キルケゴールの「たったひとりの人」（単独者）は、美的、感性的、思弁的なるものとの対決から転じて、大衆社会に直面して立つものとなった。これ以後、「大衆は虚偽である」ということが、キルケゴールの時代批判の精神ともなった。一八四六年三月三〇日に出版された『文学評論』第二部の『現代の批判』と題された論文は、このような体験をもとにして大衆の虚偽と無責任さを批判したものであった。一八四八年二月にマルクスとエンゲルスが『共産党宣言』を出版してふるい時代の挽歌《ばんか》をうたったちょうどその頃に前後して、北欧の片すみでは、天才キルケゴールが公衆の支配の非人間性を警告して、ニヒリズムとのたたかいの鐘を叩《たた》き鳴らしていたということは、興味ぶかい思想史上の事実であるといわなければならない。

宗教的著作家への転進

コルサール事件を転機としてキルケゴールは、平均化されない単独者としての自分じしんをとりもどすことが、現代キリスト教世界に課せられた使命であることを力説する宗教的著作家に、変貌《へんぼう》していく。

これまでキルケゴールが宗教的な生活について問題にしてきたのは、信じようとして信じえない個人内面の苦悩であった。このような苦悩が心中深くに秘められて外部の世間生活にあらわされることが少なければ少ないほど、信仰の内面性はそれだけいっそう深まるのだと考えられていた。「隠された内面性」こそが最高の真理である、というのがかれの確信であった。

全世界がキルケゴールを中心に回転する（コルサールの漫画）

しかしいまや、真の内面性はその反対のものと対決していく行為によって表現されるべきである、とされるにいたった。世間的虚偽にたいして敢然と立ち向かい、それにたいして自分の信仰をひらいていくことこそが、ほんとうの内面性でなければならない。しかしこのとき、神をのみ絶対とするキリスト者は、世間的な義務や幸福を絶対のものと考えてそれにしがみつこうとする外的世界からの迫害を、覚悟しなければならない。それゆえに真のキリスト者は、殉教者でなければならない。受難のためにこの世に来たりたもうたキリストに従おうとする者は、この世における没落を覚悟しなければならない。神との関係は受難であり、迫害のもとで教えに殉ずることであるとすれば、キリスト教は大衆のものではありえない。自分みずからの決断と責任においてみずからの生き方の独自性をつらぬこうとする自覚に生きる「実存」、このような単独的例外者として、めいめいがただひとりで神の前に立つことこそが、真実の宗教的な生でなければならない。このような生き方を実にやすやすと安易に抜け出してきたところに、現代人が大衆化され、虚無化されていくほんとうの原因がある。そこにわたくしどもは、世俗的な生にとどまるほかはない人間の罪をみるのでなければならぬ。そして、このような罪にもかかわらずこれを赦《ゆる》す、神の大きな愛を見なければならない。そしてさらに、みずからもまた、このような神の愛に従う者として、世間とたたかう殉教の生を選びとるのでなければならない。少なくとも、そのような殉教の生を、いま、現にいとなんでいない者は、キリスト者としての権能のないものとして、謙虚にみずからを反省する態度を、かたときも忘れ去ることのないように覚悟する必要がある。キルケゴールはこのように考えて、「権能なくして語る」宗教的著作家としての道を歩みはじめる。

町を歩くキルケゴール
（マルスランのスケッチ）

こうしてキルケゴールは、一八四七年から一八五〇年にかけて、『愛のわざ』、『死に至る病』、『キリスト教の修練』などの珠玉の宗教的名品を生み出していくこととなった。

教会とのたたかいと孤独な死

晩年のキルケゴール

生活の不安におびえながら　一八四七年五月に満三四歳を迎えたキルケゴールにとっては、それから後の生涯は、いわば予期していなかった恵みの年月であって、かれはこれを神に捧げて生きようとした。八月には、キリスト教的な愛の実践を人間にとっての至高の義務として解明する観点から、『愛のわざ』を脱稿し、九月には同書を出版する。同年八月一六日の日記には、つぎのように書いた。「より深い意味でわたくしじしんを理解して神にいっそう近づくことによってわたくしじしんに立ち返るという衝動を、わたくしは感じている。わたくしは、この場に立っているあるがままの姿で、内部から生まれかわらねばならない。」

キルケゴールのこのような決意も、しかし、たやすくは実現されなかった。なによりも、前途の生計にたいする不安の念が、かれの決断をさまたげた。著作家としての名声があったにしても、その読者は北欧の一小都市に限られていて、定収とてないかれの生活を、これのみによって支えることはできなかった。あれほど熱狂的に迎えられた『あれか―これか』にしても、その初版本が売り切れたのは、ようやくこの年の四月になってからであった。かれはこれまで、一八四七年五月以前には死を迎えるであろうと予期して、父からゆずられた遺産を資にして、多くの著書を自費出版してきたのである。そこで、この遺産も残り少なくなったいま、これからどう生きていくかがキルケゴールの念頭を離れない心配ごとの一つとなった。そのためにかれは、国教会と妥協して牧師の職をもらおうと迷うことがしばしばであった。この頃、国教会の見解と少しばかりちがった信仰を表明したアドラー牧師（Adolph Peter Adler, 1812—1869）は、国教会から免職された。このことによって深い印象を与えられたキルケゴールは、天才と使徒を混同したものとしてかれを批判した『アドラーの書』を一二月に脱稿したのであるが、国教会との衝突をおそれて出版を見あわせるほかはなかったほどである。

このような経済的苦境をきりぬけようとしてかれは、父親ゆずりの大きな家を売却したり、著作の版権を書店に売却したりした。しかし、兄ペーターの借金を支払ったり、翌一八四八年の政治革命にともなうインフレのために、キルケゴールはほとんどその財産を失ってしまったのである。

一八四八年は、デンマークにとっても、大動乱の年であった。一月には国王クリスチャン八世が死んだ。パリで労働者が蜂起《ほうき》して、短時日ではあるが政権に加わることとなった「二月革命」の余波は、ここコペンハーゲンの新王のもとにも怒濤《どとう》のようにおしよせてきた。こうして同年三月二一日には、新国王フレデリック七世が絶対王政を廃して立憲君主政を宣言するという、無血革命が成就した。そして、デンマーク国民がこの民主革命の成功にわきかえっていたその翌日には、ホルスタインの内乱がおこって、世はまさに騒然とした気《け》はいに包まれていた。

経済的窮迫と騒然たる世相にさらされた一八四八年のキルケゴールは、しかし、生涯でもっとも烈《はげ》しい精神的活動を展開することとなった。かれもまた、自由憲法の採択をよろこばなかったわけではなかった。しかし、その政治革命をかれは、もっと深い人間革命の次元でこそ生かそうとしたのである。マスコミに雷同してせっかくの革命の成果を台なしにすることを、かれはおそれた。社会的平等が意味をもちうるのは、平等となった個々人が一個の自由な独立人格であり、おとなであって子どもではない自立性をもっているばあいに限られる。そしてそのためには、各人は単独者として神の前にただひとりで立ちつづけることができるのでなければならない。このような確信をもってかれは、この動乱の年一八四八年に、おそるべき内的エネルギーを傾けつくして、キリスト教的著作の傑作といわれる『死に至る病』と『キリスト教の修練』、および、全世界文学史上で比類のない宗教的自伝として高く評価されている『わが著作活動の視点について』、の三名著を書きあげるのであった。

しかし、いよいよ窮迫してきた生活のために、転々と住居をうつしながら、官職につくという希望を捨てきれなかったキルケゴールは、これらの著書の内容が国教会の忌避《きひ》にふれることをおそれて、その出版をよういに決断することができなかった。こうして『死に至る病』の出版は翌一八四九年の六月までのばされ、『修練』はさらにその翌年の一八五〇年九月までひきのばされることとなった。そして『視点』のほうは、かれの生前には出版の日の目をみることなしに終わってしまうのであった。

キリストの倣《まね》び人《びと》として　自己の内面の信仰の真実をつらぬこうとして世間とたたかい、国家と一体であった教会権力とたたかおうとして、生活の不安のゆえに実行することができないという動揺、キリストの倣《まね》び人《びと》として殉教者たるべき使命を内に予感しながら殉教者たりえない自己の弱さ、このような人間的苦悩のかげが、一八五二年までのかれの日記につきまとう。しかし、一八五三年からのキルケゴールは、キリスト者としての自分の使命が国教会のもつ偽りの権威とたたかうことであることを確信して、もはや動揺することのない境地に到達する。このころの日記にかれは、こう書いた。

「わたくしは著作家としてわたくしの良心に、あることを持っている。わたくしがいわねばならぬあることが、はっきりとある。そしてわたくしは、それをいってしまわずには死ぬにも死ねないほどに、そのことを自分の良心にかけて持っているのだ。わたくしが死んでこの世を去る瞬間に、そしてここことは違う場所に立っているこの同じ瞬間に、つぎの質問がわたくしに課せられるだろう。お前は使命を全く明確にいったか？　そして、もしわたくしがそれをやっていなかったら、そのときはどうなるだろうか！」

一八五三年一〇月から翌五四年四月までは、日記は空白のままである。しかし、この間にかれは、国教会攻撃の牙《きば》を静かにみがいていたのである。批判の心と不満の念をもやしながらも、ミュンスター監督が在位中は、さすがの論争家キルケゴールも、その批判と非難の矢をかれにたいして放つことはできなかった。ミュンスターは亡き父が尊敬したかれの導師であったし、キルケゴールの幼い心を神へと準備してくれた人でもあったからである。

国教会批判ののろし

とうとう、かれが待ちに待っていたそのときがきた。一八五四年の一月三〇日に、ミュンスター監督が死んだ。そして、かれの後をおそって監督に就任することとなったマルテンセンが、二月五日にミュンスターの追悼演説を行ない、そのなかでつぎのようにのべた。

「ミュンスターは、使徒の時代からつづいている聖なる鎖《くさり》の一鐶であって、言葉と職務においてだけでなく、行ないと真実において、真理の真正なる証人である。」

「真理の証人」ということばは、キルケゴールが、真のキリスト者としてその教えに殉じた使徒たちを指すものとして、特別の意味をこめてくりかえし使用してきただいじな概念であった。そこで、キルケゴールはマルテンセンのこの表現を、自分にたいする公然たる挑戦としてうけとった。いまこそ、国教会批判のためにたくわえてきたエネルギーを爆発させるべきときがきたのである。こう考えたかれは、ただちにマルテンセンにたいする反駁文、「ミュンスターは『真理の証人』であり、正真正銘《しょうしんしょうめい》の真理の証人のひとりであったか――それは真理か」、を書いた。この論文をかれは日刊新聞に公表するために、一八五四年二月に書いた。しかしかれは、世人から個人攻撃の中傷記事としてうけとられることをおそれて、しばらくその公表をさし控えた。欠員の監督の席をマルテンセンが継ぐことが決定するまでは、そのような攻撃をさし控えるべきである、と判断したのである。マルテンセンは、四月三〇日に監督に任命された。しかしまだ、故監督の追憶のために進行していた一般寄付が完了していない。こうした配慮から、二月に書かれたこの文書の公表は、キルケゴール自身によって一〇か月も延期されたのである。

一八五四年一二月一八日に、かれはこの文書を、二月の日付をつけて「祖国」紙上に公表した。キルケゴールを保守的な人と信じ、教会と国家の忠実な支持者として知っていた当時の人々は、びっくりして、かれが発狂したのではないかと思ったほどであった。かれほどに敬虔で誠実な宗教人が、どうして教会を攻撃できようか、というのが世間の常識であったからである。こうして、キルケゴールとマルテンセンとの激烈な論戦が開始された。キルケゴールは、一八五四年一二月一八日から翌五年五月二六日までの間に二〇の論文を「祖国」誌上にのせて、マルテンセンとかれによって代表されている国教会を攻撃しつづけた。

一八五五年五月二六日からは、キルケゴールが公衆に予約を乞うて、『瞬間』と名付けられた小冊子をみずから発行して、その毎号に、教会論難の七ないし八の短い論文をのせた。この『瞬間』は、その後、約二週間の間隔で出版され、かれがこれまで利用してきた日刊新聞「祖国」よりも多くの発行部数をもつようになった。第九号は九月二四日に発刊され、そして第一〇号は、かれが死んだとき、印刷の準備が完了していたのであった。

この小冊子の影響は大きかった。国教会反対派や自由思想家たちから迎えられたのはもちろんのこととして、それは、真正のキリスト教の姿を宣べ伝えるものとして、教会内の多くの人々や、牧師たちのなかでさえ、歓迎された。そして、その影響は、うけとる者のうけとり方によって、さまざまな形をとった。これによって、ある者は自分が本当の教会人でなかったことを知り、ある者は一層よいプロテスタントになるように鼓舞《こぶ》され、ある者はカソリックの方向に誘導される、というぐあいであった。

1855年10月2日路上に倒れたキルケゴールがかつぎこまれたフレデリック病院（現在は美術工芸博物館になっている）

闘争のこの期間を、キルケゴールは、攻撃論文の執筆にすべての精力を傾けつくして生きた。訪問客を断ち、手紙の返事も書かず、街路でもだれとも会話を交えなかった。しかし、ブリュクナー(H.Brφchner)は、その著『キルケゴールの思い出』の中で、この当時のかれの容貌と言葉にあらわれていた確信と平安さについて、つぎのように報告している。

「キルケゴールは、最大の明瞭さと落着きをもって、かれが引きおこした状況について語った。かれの生活にあのように深く侵入してそのさいごの力を要求した烈しい闘争のもとにあって、かれがいつもの心の平静さと確信を維持しえたばかりでなく、冗談をすら維持できたことは、わたくしを驚かした。」

突然の昏倒《こんとう》と英雄的な死

キルケゴールは、『瞬間』一〇号の印刷準備中に、意識を失って床に倒れた。その後、歩行に困難を感じていたが、いつもの散歩をやる程度には恢復した。一〇月二日、街を散歩中に再び意識を失って路上に倒れた。かれの両足は麻痺《まひ》していた。かれはフレデリック病院に運びこまれ、四〇日後の一八五五年一一月一一日の午後九時に永眠した。病因は、医者たちによって脊椎の病気にもとづくものとされたが、キルケゴールは、「医者たちはわたくしの病気が分らないのだ。わたくしの病気は心理的なものだ」ともらしていたのであった。

病床のキルケゴールは、仲違いしていた兄ペーターを病室に入れることをこばんだが、二人の姉の夫たちやその子どもたちは歓迎された。姪《めい》たちは、病床のキルケゴールが、精神の栄光に満ちた至福の表情をもってかの女たちを迎え、心からの愛情と戯れるような微笑をうかべていた、と報告している。

キルケゴールのさいごの日々をもっともよく伝えてくれるのは、かれの生涯の友人であったベーセン牧師

(Emil Boesen, 1812—1881) の報告である。かれは、友が死ぬ直前にコペンハーゲンから離れた教区に赴任したのであるが、それまで、毎日かれを見舞い、キリスト者として死を迎える儀式を行なうようにすすめた。しかしキルケゴールは、さいごまで、虚偽の教会に仕える者からの手引きを拒否し切って死んでいった。その死は、キリスト者としての信念に殉じたものといってよいであろう。このような英雄的なかれの死を迎える姿を、友人ベーセンが死の床にあるキルケゴールと交した教義問答によって紹介しておこう。

B「聖餐式を受けようと思わないか。」
K「受ける。しかし牧師からではない。」
B「それはやるのがむずかしいだろう。」
K「それなら、受けずにわたくしは死ぬ。」
B「それは正しくない。」
K「正しいかどうかで議論するわけにはいかぬ。わたくしは自分の選択をしたのだ。もう選択したのだ。牧師たちは国家の官吏だ。国家の官吏はキリスト教に関係はない。」
B「それはやはりほんとうではない。真実と現実に一致しない。」
K「そう、君わかるかい、神が主権者なのだ。ところが自分の都合のよいようにととのえようとするこれらの人間がいて、キリスト教を自分たちのものにするのだ。そしてそこに千人もの牧師がいて、したがって国中のだれもそれらの牧師に属することなしには、祝福されて死ぬことができないことになるの

コペンハーゲン市の補助墓地にあるキルケゴール家の墓（上が父の第一の妻、下の向かって右が父とその第二の妻である母、左がキルケゴールの兄姉二人とかれの墓である）

だ。こうして牧師たちが主権者となり、そして神の主権は失われている。だが人は、すべてのことにおいて神に従うべきなのだ。」

B「安らかに神に祈ることができるか。」

K「うん、それはできる。それでまずわたくしは、罪のゆるしについて、なにもかもがゆるされますようにと祈る。つぎにわたくしは、死のきわに絶望に陥りませんようにと祈る。そしてつぎに、わたくしのたいへん知りたいこと、つまり死が来るときに少し前もって知れますように、と祈る。」

B「これらのことはみな、キリストにおける神の恩寵を君が信じ、そしてそのもとにのがれるためにだろうね。」

K「そりゃもちろんのことさ、そのほかになにがあろう。」

B「君はすがすがしく見えて、まるで起きあがって自分といっしょに外出しようとしているかのようだ。」

K「そうだ。ただ一つのことだけが邪魔になる。つまり、わたくしは歩くことができないのだ。だが同時に別のはげましがあって、わたくしが浮きあがれるようにしようとしている。わたくしは天使になって翼を得るように感じている。実際そうなのだ。雲間にまたがって坐り、ハレルヤ、ハレルヤ、ハレルヤ、と歌うことが起らなければならないのだ！」

キルケゴールの愛するいとこ
コリーエ＝キルケゴールの石
膏像
（キルケゴールの容貌をもっとも
正確に伝えたものと言われている）
——大谷長氏訳ラウリー『キルケゴール小伝』（創文社）より——

Ⅱ　キルケゴールの思想

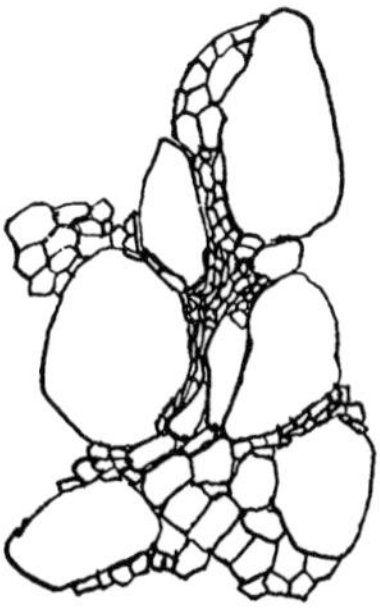

匿《とく》名の表現形式について

キルケゴールの銅像（コペンハーゲン王立図書館の中庭に立っている）

匿名の問題

キルケゴールは、宗教講話以外の主要著作を、すべて、匿名の形式で公表した。それも、出版者としてさまざまな匿名をつかっただけではなくて、出版者はただ、自分が偶然の機会に発見した未知の人物の原稿を紹介するにすぎないのだ、という複雑な形式を採用することによって、読者を迷わせる。

こうしてキルケゴールは、著作の内容に応じて、それぞれ、それにふさわしい架空《かくう》の人物名を割りふりしただけではなくて、一つの著作の中でも、実作者として多くの仮名を指定するという、手のこんだ方法を採用した。ときには、だれが実際の著作者なのかは匿名の出版者にもたしかめようがなかったから、仮にこれをAとBにしておく、などというばあいすらもあった。『あれか―これか』では、実作者は五人の仮名人物とされているし、『反復』では二人、『人生行路の諸段階』では、実に一〇人もの仮名人物が、実作者として登場させられているのである。

しかし、実際の作者は、もちろん、ただひとりの人物、キルケゴールその人であった。それなのに、なぜかれは、このような複雑な匿名形式をとったのであろうか。

生涯編でも見たように、キルケゴールは、主体的（Subjective）な思想家であった。つまり、だれにでも当てはまる平均的な真理などを問題にしたのではなくて、自分だけにとってたいせつな個性的な真理、自分じしんがそれによって生き、それによって死ぬことができるような真理を求めて、苦闘した思想家であった。自分の頭で考え、自分が実際にそれによって生き、それにたいして自分が責任を負いきれるような真理、それを明らかにすることがキルケゴールの課題であった。そのキルケゴールが、なぜに仮名などをつかって、「これはわたくしの思想であって、わたくし以外の他のだれのものでもない」、といいきることを慎重に回避して、仮名人物のかげにかくれようとしたのだろうか。

コルサール事件の体験によってキルケゴールは、マスコミというものが、だれのものでもない匿名の思想をまきちらして、「大衆の世論」なるものをつくりあげ、その責任を、具体的にはどこにも実在していない

「大衆」という亡霊に転嫁して、記者じしんはちっとも責任をとろうとしない非人間的なものであることに、気づかせられたのであった。このような、「大衆」の仮名にかくれた無責任な立場の城に閉じこもって、自分の気にいらない人間を社会的に葬ってしまう恐るべき暴力から、ひとりひとりの人間の独立と尊厳を守りきろうとしたのが、キルケゴールであった。匿名の思想家がもつ暴力性と非人間性に憤慨して、さいごまでこれに抵抗しようとした、そのキルケゴールじしんが、なぜに匿名のかくれ蓑《みの》を身にまとおうとしたのであろうか。

この理由を解くことは、同時に、キルケゴールの思想のもつ核心的な意味を理解することにもなるであろう。

匿名の理由

匿名による表現形式と発表形式をとった理由として、まず第一に考えられることとしては、これらの著作が、結婚によって結ばれることを断念するほかはなかった恋人、レギーネを目標にして書かれたものであった、ということをあげることができよう。匿名であっても、その内容を一読しさえすれば、レギーネだけは、その実作者がキルケゴールその人であることをさとってくれるであろう。そして、キルケゴールのかの女にたいする愛の真実を理解してくれるにちがいない。かの女だけが、そのことを知ってくれさえすれば、満足である。そのためには、実名使用はかえってぐあいが悪い。個人的な関係を外的世間に公表して世人の好奇心にさらすのは、低級な露悪趣味によって恋人を傷つけるだけではなく、世間にたいしても不謹慎のそしりをまぬがれることはできないであろう。恋人レギーネへのひそかなる愛のうったえとしては、匿名形式による表現こそがもっともふさわしい。

こう考えて採用したのが、匿名による発表であった、と推量することもできる。そして、この推量も、幾分かは当たっているといってよいであろう。すくなくとも、初期の作品である、『あれか―これか』、『反復』、『人生行路の諸段階』のばあいには、みぎのような配慮もなされたにちがいない。

しかし、これが匿名使用の決定的理由であったとは、思われない。これだけでは、かれがつぎつぎと違った匿名を使用していったことを、説明することができないからである。

この点についての説明は、かれじしんが、『哲学的断片への後書《あとがき》』の付録や、『わが著作活動の視点』の中で、述べている。まず前者によると、これらの著作でかれが探求したのは、いろいろな思想や考えかた（理念）の完全な典型であって、その可能性の行きつくきわみを実験的に模索したのがこれらの作品であるから、「ここに表現された思想は、わたくしじしんがそれによって実際に生きているところの、わたくしじしんの思想ではない。それらはいわば、わたくしの詩的・文学的なフィクションであるから、わたくしじしんがその責任を負うべきわたくしの思想と思ってもらっては困る。」このようにキルケゴールは説明している。

匿名を使用することによって、具体的な個人の内にはほとんど見つけだすことができないような、純粋な理想的典型をつくり出すことができる。これが匿名使用の理由である。こう説明して、キルケゴールは、つぎのようにもいいきっている。

「仮名の諸著の中には、わたくしじしんの言葉はただの一つもない。だから、もしだれかがこれらの著書から個々の言葉を引用しようと思うことが万一にもあるなら、どうか、それぞれの仮名の著者の名で引用してほしいものだ。」(「後書《あとがき》への付録」)

しかし、匿名で著作された諸著の中で主張されているのは、キルケゴールだけが到達することができた、独創的な思想である。そのどれ一つをとってみても、それらはみな、人間の魂の深渕と、そこにうずまいている想念の可能性を、思想の照明のもとにもたらして、わたくしどもに深い反省をうながさずにはおかないような傑作となっている。たった一人の人の中に、これほど多面的な思想が表現を求めてもだえていたということは、驚嘆すべきことであるといってよいであろう。ときには、相互にするどく矛盾するような諸理念を、キルケゴールは、それぞれの理念を代表する仮名人物の口を借りて表現し、かれらを相互に対話・討論させる形で、自分じしんの思想を深め、発展させていったのである。詩人や哲学者や倫理家や宗教者のすべてを総合した形で成立するのがキルケゴールの思想であるが、かれは、矛盾した理念をするどく対立させてぶつけ合うことをとおして新しい質の思想を誕生させていく、弁証法(真理を矛盾の統一として自覚していく対話法)の大家であった。そして、弁証家としてのキルケゴールのこのすぐれた天分は、匿名形式の表現を採用することによって、思う存分に発揮されることとなったのである。

つまり、キルケゴールは、古代における最大の弁証家であったプラトンがそうであったように、詩人・哲学者・宗教者を一身に兼ね備えた天才的な大思想家であって、そのゆたかな思想を、プラトンが文学的な戯曲形式の対話篇でその思想を表現したように、匿名形式の諸著によって展開していったのである。

思想の伝達形式としての間接伝知

匿名の秘密は、それだけにつきるものではない。みぎの理由は、主として思想の表現形式についていわれたものであるが、表現は、それによって自分じしんの思想をはっきりと自覚するためのものであると同時に、それを他の人々に伝達することを予想してなされるものである。そして、キルケゴールほど、自分の思想の伝達について、気をつかった人はないのである。匿名を使用したもっとも大きな理由は、このような伝達形式こそが、かれの思想を他人に正しく伝えるための最適のものである、とかれが考えたからであった。

生涯篇でも見たように、かれは、心の奥深くに憂愁を宿した内向的な性格の人であった。外面的には、明るく、気楽な態度で、だれとでも親しく談笑することを好み、社交の才にも長《た》けていたかれであったが、その胸中深くにいだいていたかれの本心を、かれは、用心深くかくして、恋人レギーネにたいしてすらも、直接的に伝えようとはしなかった。言葉に出してしまえばウソになってしまう自分だけの真実、それをかれはだいじにしようとした。伝えようとしても直接的には伝えようのない真実、このような真実をいだいてかれは苦しみつづけたのであり、かれの魂のこの内面的な苦悩が、あれだけの多産な弁証的作品を次々と生み出していくエネルギー源ともなったのであった。

このような主体的真実とは、キルケゴールにとっては、神を信じようとして信じきることができない罪の意識であり、この罪をゆるして救済してくれる神の愛への祈りであった。罪の意識や罪の赦《ゆる》しの信仰は、それぞれの個人が、自分じしんで負わねばならないものであって、他人に代わってもらうことができないものである。各人は、ただひとりの単独者として、神の前にただひとりで立たなければならない。これこそが、キルケゴールにとってのぎりぎりの主体的真実であった。

詩的文学者としての才能にひかれて美の世界に遊び、弁証法的思想家として哲学的思弁[1)]の世界に思索のテーマを求め、多彩な著作活動をとおしてその成果を発表したかれではあったが、これらの活動も、すべて、かれにとってのぎりぎりの主体的真実であった内面的な信仰の真理をめざして営まれたものであった。このような信仰は、もはや、言葉や論理によって他人に教えたり、他人から教えられたりできるものではない。ただ、その人じしんが、自分の内面の情意《パトス》によって選びとり、自分の魂で覚醒するしかないものである。この世界は、直接的な伝達を不可能とする、主体的な自覚の世界である。教師や著作家がなしうることは、このような主体的な自覚に向かって各人の心を準備させることだけである。つまり、間接に伝知するしかないものが、主体的真実である。そして、間接の伝達においては、伝達者は、実在する人間として姿をあらわしてはならない。実在する人間が伝えるとなると、それを受けとった者が、伝達者の権威によりかかることに

1)　思弁については七一頁の註を参照のこと。

なって、自分じしんの力でそれを選びとることの真剣さをなくしてしまうからである。このような理由で採用されたものが、匿名による伝達形式であったのである。

つまりそれは、マスコミのような無責任な伝達形式の模倣などではなくて、めいめいの自分が自分じしんと対面して、責任ある自己を自分の力で確立することをすすめる伝達方法として、キルケゴールが選びとったものであった。それは、無責任な「匿名の思想」ではなくて、責任のある「人格的な伝達」の方法として選びとられたものであったのである。

客観的な真理なら、だれでもが、共通の理解に到達することができるし、言葉や理論で伝え合い、分り合うことができる。しかし、自分じしんで自覚することによってのみ本当に自分じしんのものとなる主体的真実のばあいは、そうはいかない。しかも、キルケゴールのばあいは、この主体的真実こそが、究極の真理であると考えられた。このような立場からかれは、一番尊敬する思想家として、ギリシアのソクラテスに学ぼうとした。

ソクラテスは、「皮肉《アイロニー》」（Irony）の方法によって自分の本心をかくしながら、誤謬《ごびゅう》のとりことなっている人たちの立場に近づいていって、その人たちといっしょにその誤謬の途を歩みつくすことによって、そのむなしさを教え、「こうして各人を誤謬の偏見から解放しさえすれば、各人の本心のなかにあった主体的真実を各人が自分じしんの力で自覚できるのだ」と考え、「自分はただ、この皮肉の方法によって各人の真理を各人が出産するのを助ける、魂の助産婦にすぎない」と自任していた。

このソクラテス的助産術を、キルケゴールは、匿名による表現という形で受けつごうとしたのである。キルケゴールが、レギーネとの恋愛事件をかかえながらもその完成に心をくだき、一八四一年七月一六日にコペンハーゲン大学の哲学部に提出してマギステルの学位を受けた論文が、『アイロニーの概念について――つねにソクラテスを顧《かえり》みつつ』であったことからみても、匿名使用の真意が、みぎのようなものであったことは明らかであろう。

真理の中へと瞞《だま》しこむ

匿名の深い意味は、ソクラテスの伝統をうけついで、錯覚のなかにとらえられている世人を真のキリスト者へと覚醒するためにとられた、「真理の中へと瞞《だま》しこむ」ためのものであった、ということを、キルケゴールは、『わが著作活動の視点について』で、はっきりと告白している。

キルケゴールの思想の中心問題は、ヘーゲルのように、「キリスト教とはなんであるか」という理論ではなくて、「いかにして人はキリスト者になるか」という生きかたであった。かれによれば、すべての人が洗礼を受け、ただ教会に行ってお祈りをするだけで、自分はキリスト者であると思いこんでいる現在のキリスト教界は、たいへんな錯覚におちいっている。それは、キリスト教を知らなかったギリシア人たちよりも、もっと神から遠ざかった異端の生である。ギリシア人たちは、すくなくとも、無限に神へと接近しようとする敬虔な宗教心をもっていた。しかし、現在のキリスト教界では、人はみな、労せずにキリスト教世界の中へ生まれてきて、物ごころがつくにしたがって、無限に神から遠ざかっていくのである。ほんとうのキリスト者としての生活は、つねに罪の意識をもって神の前に立ち、おそれおののきながら生きることであり、世間の非難や迫害をおそれずに虚偽と戦って信仰をつらぬく困難を、わが身にひきうけることである。世間的な幸福に酔う安易な生活を送りながら、洗礼を受け教会まいりをしているからキリスト者だと思いこんでいることは、おそるべき瀆《とく》神であり、大きな錯覚である。この錯覚をうち破らないならば、その前途に待っているものは、人生の究極の支えを欠く虚無と絶望の深淵のみであろう。

しかし、この錯覚は、「わたくしこそ本当のキリスト者だ、だからわたくしの警告を心してきけ」、などと名のり出ることによって、打ち破れるものではない。むしろ反対に、「君たちはキリスト者だが、わたくしはキリスト者ではない」、とへりくだって語りかけることによってのみ、この錯覚を打ち破ることもできるのである。それはちょうど、ソクラテスが自分の無知を告白して相手を対話の中にひきこんで、かれらの無知をさとらせた、「皮肉」の方法と同じしかたでなければならない。

このような方法は一種のあざむきではあるが、しかしこれは、相手を虚偽へおとしこむためのものではなくて、相手の錯覚に気づかせて真理へつれこむためのものである。キルケゴールはこれを「間接伝知」と名づけ、さまざまな匿名をつかって著作を発表したのも、こうして相手を「真理の中へと瞞《だま》しこむ」ためであった、と『視点』の中で語っている。

このようなわけで、匿名で発表されたかれの著作は、すべてこのような間接的伝達（間接伝知）を目的としたものであった。かれはこれらの著作をとおして、人々がおちいっている錯覚に気づかせ、その錯覚をぎりぎりまでおしつめて描いてみせることによって、そのような生きかたをしていては絶望に終わるほかはないことをさとらせ、こうして各自の自己反省をうながし、これによって絶望をこえた真の人生へと転換させようとしたのである。

そこで、これらの著書の主要なものについて、その内容を紹介してみよう。これによって読者が、真理の中へと瞞しこまれることを期待しながら。

審美的著作の思想について

審美と倫理の『あれか―これか』

二つの生きかた

キルケゴールの匿名による処女作は、『あれか―これか』という題名で、一八四三年の二月に出版された。その第一部は、感性的な享楽をモットーにして生きる若い独身の青年Aの手記という体裁《ていさい》になっており、第二部は、Aの友人で、妻帯して健全な家庭生活を営んでいる中年の判事ウイルヘルム（B）が、Aへ出した警告の手紙という体裁になっている。キルケゴールはここで、感性的な享楽や詩的空想の夢を追う審美的[1]な人生と、日常の社会生活の義務を忠実に果たしていくことの中でこそほんとうの充実した幸福を味わうことができると確信している倫理的な人生との、二つの生きかたを典型的な形で呈出し、読者に対して、この二つの人生のいずれを取るべきかの決断を迫っているのである。

キルケゴールの真意が、審美的生のむなしさをすてて、倫理的生の充実をとるべきである、というところにあることは、この第二部がまず先に書かれた、という成立事情からもうかがうことができるが、第一部も、キルケゴールの詩人的な文才が躍動していて、すぐれた文芸作品となっている。とくに、そのさいごの

1）ここで審美的（aesthetic）といわれる言葉は、ギリシア語で「感性」を意味する aisthesis に由来する語である。この語源的意義を尊重してキルケゴールは、この語を、「感性的」とか「官能主義的」とかいわれる意味をこめて使用したのである。

部分をなす『誘惑者の日記』は、これだけが単行本としても出版され、いままで、世界各国で多くの読者をえてきた恋愛文学の傑作の一つでもあり、また、この中にはキルケゴールとレギーネとの恋愛の体験がこめられているという意味で、貴重なものとなっている。

美的享楽の典型としての輪作

第一部では、感性的な欲求の充足をモットーにして生きる人生の典型的な姿が、匿名の人物Aによって描かれていく。キルケゴールは、人生の意義を享楽に求めようとするこのような生きかたを、「審美的人生」と名づけ、そのさまざまな可能性をここで示そうとしている。ここには、放蕩《ほうとう》生活時代のキルケゴールの青春体験が、詩的・文学的に昇華された形で展開されていて、内容ゆたかで華麗な美的人生模様が織り成されている。現実とはかくも楽しく、かくも愛すべきものであったか、と目をみはらせるばかりである。

『あれか―これか』執筆当時のキルケゴール（1842年）

現実を美化してそれを享楽する生き方のいろいろな典型を、文学・音楽などの芸術作品上の人物を借りて興味深く論評しながら、感性のよろこびを歌いあげていくのが第一部である。なかでも、このような生きかたの本質を理論的にまとめて示しているのが、第一部の第七論文の『輪作』であり、この美的理論を実際の生きかたとして示してみせるのが、さいごの第八論文『誘惑者の日記』である。

『輪作』の要旨はこうである。すべての人間は退屈である。この退屈な人生の現実を、楽しい人生につくり直していくのが、審美家の課題となる。ところで退屈をまぎらせて人生を享楽していくためには、魂の輪作が必要となる。つまり、農夫が、土地を変えて耕作したり、同一土地に毎年ちがった作物を植えつけたりして、土地がやせたり作物が病気に感染したりすることを防止する農耕法を採用するように、審美家は、退屈な灰色の人生を享楽のバラ色で飾るために、魂の輪作を試みる。

一番低級な輪作は、農夫が土地を変えるように、享楽の対象を次々に変えて外的変化を追い求めていくやり方である。転居魔が転々と居処を変えて新鮮な気分を味わおうとしたり、ドン・ファンが千三人もの女性を次々と誘惑していったやり方が、これである。けれども、このようなやり方では、自分の楽しみが外的対象に制限されざるをえないし、また、求める対象には限度もあることだから、ここでの享楽は、まだ、有限であり、不自由であることをまぬがれない。

真の輪作は、土地を変えるやり方ではなくて、同一土地にちがった種類の作物を耕作していくことである。つまり、外的変化ではなくて、内的変化を追い求めることである。一つの対象を、さまざまな角度から享楽することである。対象を享楽するのではなく、そこに自分が投げこむ手練・手管《てくだ》を変え、それによってひきおこされる変化を楽しむ方法である。こうして真の享楽家は、外物にとらわれずに、自分じしんが投げ入れたものをたのしみ、自分じしんの可能性をたのしむものである。このためには、高度な詩的空想の力を練りあげていかなければならない。構想力によって堅い現実を可能性の世界に解体していくことが必要である。外的対象は、審美家が自分じしんの心の内面に展開していく、千変万化の空想の世界を導き出すための、きっかけであり、道具にすぎない。このような内的変化ならば、自分の空想によって、自由に、そして無限に、展開していくことができる。空想の世界、可能性だけの世界に生きることができる詩人にとっては、享楽は、羽根のように軽やかなものとなる。また自分がその気になりさえすれば、いつまでも、どこまでも、つきることなく享楽の美酒に酔いつづけることができる。

こうした美的人生を送ろうとするものは、自分を堅い現実につなぎとめて自由な空想の世界に遊ぶことをさまたげるような、いっさいの世間的なしきたりから、用心深く自分を解きはなしていかなければならない。恋はしても結婚してはならぬ。趣味はもっても職業についてはならぬ。要するに、あらゆる世間的なしきたりや人間的義務にしばりつけられることを回避して、現実と一定の距離を保ち、浮動した可能性の世界に遊ぶことが、天才的な審美家の秘訣なのである。

この立場で恋愛を描いたのが、『誘惑者の日記』である。ここでは、たったひとりの女性を相手にしながら、色事師ドン・ファンが千三人の女性を相手に展開したより以上の多彩な恋愛模様が、天才的審美家を気どる独身青年の友人ヨハンネスの日記という形で、描き出されていく。しかしこの恋は、婚約によって完成されることはない。ヨハンネスにとっては、恋愛遊戯そのものが目的であって、愛の義務を引きうけることが狙いでないからである。審美家にとっては、誘惑者として一貫することこそがふさわしいのであって、結婚によって現実の生活にしばりつけられることはナンセンスだからである。こうしてこの恋は、娘が青年の投げかけるさまざまな誘いによって愛《エロス》にめざめ、愛に自分の人生のすべてを賭《か》けようとねがう頂点で、突然つきはなされてしまう形で、終末を迎えるのである。

『輪作』の肉づけとして書かれたこの美しい恋愛劇の中には、疑いもなく、キルケゴールじしんのレギーネとの恋愛体験が盛りこまれている。この作品によってキルケゴールは、自分じしんを誘惑者として示し、そうすることによってレギーネを、雄々しくつきはなそうとしたのである。自分はこのような悪ものなのだ。だから、悪い夢を見たのだと思って、さっぱりとあきらめてくれ。そして、幸福な新しい人生にふみ出してくれ。こうしたレギーネへの悲痛なうったえと、そのためには自分はよろこんで誘惑者の名に甘んじようとするキルケゴールの決心を、わたくしどもはこの作品の中に読みとることができる。

しかし、キルケゴールその人の本質は、決して、相手を傷つけても自分だけの楽しみだけを追おうとする、審美家であるところにはなかった。それゆえにまたキルケゴールは、誘惑者としての悪役を装《よそお》うことに、徹しきることもできなかった。かれのこの動揺は、『誘惑者の日記』の冒頭《ぼうとう》に置かれている、恋人コーデリアから誘惑者ヨハンネスへの三通の手紙という形で、示されている。『誘惑者の日記』をキルケゴールがどれだけの想いをこめて書いたのかを示すために、その一部を引用しておこう。

「ヨハンネス様！…どこへでも、お好きなところへお逃げなさい、それでもわたくしはやっぱりあなたのものです。世界のはてまでお逃げなさい、それでもやっぱりわたくしはあなたのものです。百人ものほかの女をお愛しなさい、それでもやっぱりわたくしはあなたのものです。そればかりか死のときにもわたくしはあなたのものです。わたくしがあなたに敵対して言う言葉さえも、わたくしがあなたのものだということをあなたに証明しないではいないのです。……あなたのコーデリア。」（白水社刊「キルケゴール著作集」第二巻の浅井真男氏訳より）

「ヨハンネス様！……わたくしの愛があなたの重荷になることはわたくしも知っております。けれども、あなたがあなたのコーデリアへ帰っていらっしゃるときがきっとまいります。あなたのコーデリア！この哀願の言葉をお聞きくださいさい！…あなたのコーデリア、あなたのコーデリア。あなたのコーデリア。」（同前）

倫理的義務の主体的なひきうけ　審美的人生は、堅い現実を詩的構想力によって可能化することによって、わたくしどもを退屈から救い出し、いろいろな世俗的な拘束《こうそく》から人間を解き放って、身軽にしてくれる。その意味でそれは、人生の内容を多彩な変化で色どり、自由な飛翔《ひしょう》を約束してくれるものとして、まことに貴重な生の一断面であるということもできよう。

だが、それも、飛翔の当人が、生きた人間であり、現実と遊離しないこの現実の自分じしんであって、亡霊のような幻想の自己ではない、という前提条件があってのことである。そうでなければ、審美的人生は、真空の中で夢見られた空想の自由にすぎないものとなって、現実に即して実現されていく具体的な自由を約束するものとはならないからである。

このような立場から第一部の著者Aにたいして警告を与えるのが、第二部の著者Bである。Bは、結婚生活と職業生活とをまじめに選びとって生きている自分の経験にもとづいて、日常の人間的義務を真剣に営んでいく倫理的立場こそが、ほんとうの幸福と自由を人間に約束してくれるものであることを主張する。

この立場からBは、Aのような生きかたを批判して、つぎのようにいう。審美的人生は、可能性の海の中に溺《おぼ》れこんで肝心《かんじん》の自分じしんを見失ってしまうほかはないものである。あらゆるものを自分の想念の中にとかしこみ、こうすることによって全世界を獲得することができるとしても、自分じしんを亡霊に化してしまうとすれば、そのような人生にどんな意義があるというのか。そこに待っているものは、退屈以上におそろしい虚無の深渕であり、空虚なやるせなさだけである。真空の中でなら、どのような可能性も、どのような夢も、想い描くことはできよう。しかし、夢はついに夢に過ぎないのであって、現実ではない。現実の世界と、そこにどっかと足をおろしているこの具体的な自分をまず第一に選びとり、そこで要求される課題や義務を正しくうけとめる中でこそ、実現可能な理想も明らかにされていくのだし、幻想ではない夢、自由を、わがものとすることもできるのである。

審美家の特長は、つねに自分じしんを現実から浮動させておいて、現実が要求する具体的な課題をひきう

『あれか―これか』第二部の原稿は、ベルリン滞在中に書かれたが、キルケゴールの下宿は、このゲンダールムプラッツのすぐ近くにあった。

けようとしないところにある。そして、それが自由だと錯覚し、それが人間として最善の生き方であると幻想している。

しかし、自由とは、「なにものも具体的には選択しない」、という選択以前の傍観者的な浮動の状態を意味するものではありえない。「あれか―これか」を選択しなければならない行為の当事者としての立場に身を置いて、正しい選択を実際になすところにこそ、自由の世界は開かれるのである。選択の責任を無限に延期し、回避する者は、自由を語る資格などないのである。

つぎに、善とはなんであるか。審美家は、最善の理念を求めて、人生のあらゆる可能性を模索する。しかし、もっとも根元的な善は、「なにを選ぶか」ではなくて、「真剣に選ぶことだ」という肝心のことを忘れている。人生において肝要なことは、「選択されるものの真実性《レアリティー》などではなくて、実際に選択するという現実性《レアリティー》なのであって、これこそが決定的なことなのである。」「正当なものを選ぶことが問題なのではなく、むしろ選択のために用いられる意力《エネルギー》、その情熱《パトス》、その真剣さが問題なのである。」自分じしんがそれを自分の課題として選びとろうとする態度なしには、いかなる理念も、倫理的な善悪という意味をもつことはできない。逆に、自分じしんがそれを実際に選びとろうと決心したとき、審美的理念は、そのままの形でそっくりそのまま、倫理的理念に転化する。倫理的な選択において選びとられる内容は、そっくりそのまま、審美家が明らかにする人生の可能性の全体である。倫理家は、それを単に空想するだけではなくて、自分じしんの現実の生活の中に実現していくことを選びとり、こうすることによってそこに自分の意志の刻印をおし、これをわがものとする。だから、倫理的人生こそ最善のものであり、審美的人生よりもはるかに高く、かつ、内容ゆたかなものであるといわなければならない。

このような立場に立ってBは、Aにたいして結婚の美しさを語り、職業生活の意義を説いて、審美の立場が空しい虚無に導くものであり、みのりなきあだ花にすぎないと批判するのである。第一部の著者がだれなのかを匿名の出版者がいくら探しても、ついにつきとめることができなかった、と序文の中で書かれたのも、審美家は亡霊的存在であることを暗示しているのである。

媒介を捨てて決断をこそ

キルケゴールは、『あれか—これか』で、審美的人生と倫理的人生をきびしく対立させ、「あれも—これも」と欲ばる審美的人生の立場から、「あれか—これか」の選択がきびしく問われてくる倫理的立場に移るべきことを強調した。

ここでキルケゴールは、婚約破棄の選びが、単なる美的誘惑者の立場で安易になされたものではなく、美的享楽を断念して自分じしんの内なる良心の声に誠実であろうとする、倫理的な選択の結果として行なわれたものであることを、レギーネに暗示しようとしているのである。同時にかれは、安易な思弁の媒介[1]（Mediation）によって、「あれも—これも」と欲ばって観念のふくろに詰めこみながら、実際にはなにごともなそうとしない当時のヘーゲル亜流の知識人たちにたいして、痛烈な批判と警告の矢を放ったのである。

しかし、このような倫理的選択は、そのなかに、巨大な矛盾をはらんでいる。審美的人生を拒否した立場から審美的理念の全体を選びとるという矛盾、現実の世界に足を置きながら可能の世界をとりこむという矛盾、これらの矛盾を、観念的な反省の媒介によってではなく、行為の決断によって統一するということは、どうして可能となるのであるか。それは、人間の力で実現可能な「倫理の世界」の内部だけで解決しうるものであろうか。それは、人間の努力を越えた「宗教的信仰」の支えによって、はじめて可能となるのではなかろうか。『あれか—これか』は、この課題をかれにつきつけた。この問いに答えようとして書かれたものが、つぎの『おそれとおののき』であったのである。

1）対立し、矛盾する二つの立場や概念を、より高次の立場へ導いて総合し統一するために、両者に共通する第三の中間者によって両者を調停し、仲介することが「媒介」であって、ヘーゲル哲学の重要概念の一つであった。

宗教的生における『おそれとおののき』と愛の『反復』

信仰による愛の反復をねがって

憂鬱な性格になやみ、罪深いわが身をいだきながら、恋愛のよろこびにひかれてレギーネと結婚することは、恋人をあざむき、傷つけることである。そのような不信実な生を断念することこそが、恋人にたいする真の愛である。このような良心の要求に忠実であろうとしてキルケゴールは、婚約破棄を敢行したのであった。

しかし、それから約一年半後の一八四三年四月一六日に、教会でレギーネから微笑を含んだうなずきの合図をうけたキルケゴールの心は、再びかの女との愛の生活をとりもどすことができるのではないか、という希望の灯をともすこととなった。自分では、神への愛と信仰をつらぬくために地上の愛を断念したつもりであったが、ほんとうの信仰は、たんに審美的な生のよろこびを断念することによって成就されるものではなく、審美的生のもつ意義を、感性的な快楽原理とはちがった高い立場から、そっくりそのまま活かしてくれるのではなかろうか。神の愛にたいする信仰の力によって地上の愛を純化し、これを正しく「うけとりなおす」(反復する) ことができるのではなかろうか。

このようなねがいは、人間にとっては不遜《ふそん》で勝手きわまることなのかも知れない。神の愛をためす瀆《とく》神のわざかも知れない。神の意志をとりちがえた錯覚であるかも知れない。しかし、このような「おそれとおののき」を内心にいだきながら、これによってくじけることなく、いっさいを神意にゆだねて愛の反復が可能であることを信じて疑わないことこそが、真の信仰というものではなかろうか。

こうした問題について思索するためにキルケゴールは、一八四三年の五月から六月にかけて、第二回ベルリン旅行をこころみ、ここで、宗教的著作の傑作といわれる『おそれとおののき』と『反復』の二書を、一気に書きあげた。

信仰の騎士アブラハムの場合

『おそれとおののき』においては、信仰の父といわれるアブラハムのばあいに即して、この問題が究明されていく。

旧約聖書の創世記第二二章によれば、アブラハムとその子イサクの物語が、つぎのようにしるされている。

神はアブラハムの信仰をためすために、アブラハムに命じて、かれが愛するひとり子イサクをモリヤ山で犠牲として神に捧げるようにと要求する。この命令を受けたアブラハムは、だれにもその理由を告げることなく、イサクをモリヤ山につれていき、犠牲として神に捧げるためにイサクを殺そうとする。そのとき、神は、アブラハムの信仰が堅いことを認めて、つぎのように告げる。「わらべを手にかけてはならない。またなにもかれにしてはならない。あなたのひとり子をさえ、わたしのために惜しまないので、あなたが神を恐れる者であることをわたくしは知った。」このときアブラハムが目をあげてみると、うしろに、角《つの》をやぶにひつかけてもがいている一頭の牡羊《おひつじ》がいた。そこでアブラハムは、この牡羊を犠牲として神にささげた。こうしてアブラハムは、その堅い信仰のゆえに、神の祝福をうけ、再びイサクを神の贈りものとして受けとりなおして、山をくだった。

このアブラハムの行為こそは、信仰に基づく宗教的生の典型でなければならない。このような立場からキルケゴールは、宗教的生がつぎのような特長をもつものであることを、美しく描いていく。

倫理的普遍性と宗教的単独性

倫理は、人間が人間であるかぎり、だれもがそれを守るべき普遍的な義務を実行するようにと、わたくしどもに要求する。ここでは、ひとりひとりの人間は、ひとりの「単独者」であることによって意義を認められるのではなくて、自分を普遍化し、人間のすべてが実現すべき普遍的な目的に自分を近づけていくことによって、意義あるものとされるのである。それゆえに、倫理的生の課題は、つぎのように表現されることとなろう。「個別者は普遍的なもののうちに自己の目的をもつものであって、かれの倫理的課題は、自己自身をつねに普遍的なもののうちに表現し、自己の個別性を捨てて普遍的なものとなることである。」

しかし、アブラハムの行為は、どうであったか。かれは、殺人の罪を犯そうとした。それも、ただの殺人ではなくて、自分が深く愛しており、相手もまた父の愛を信じて疑うことを知らなかった、従順で無抵抗な子どもを、突然、なんの理由も告げずに、殺そうとした。これは明らかに、人間としての普遍的な義務に反する、弁解の余地がない倫理的悪の極致である、といわねばならない。倫理の立場からみれば極悪非道なこの行為が、宗教的には、神の命に忠実な行為として祝福され、信仰の極致として是認されているのである。そして、このような行為をとおしてアブラハムは、そのいとし子をふたたび授けられて、以前にもましてこの世の幸せと繁栄を受けとりなおすことができたのである。しかもかれは、この行為を、民族とか国家とかいう普遍的な目的を果たすためになしたのではない。ただ、それが神の命であるがゆえに、それをなしたにすぎないのであって、かれには、それ以外のなんの理由も必要ではなかったのである。

　ここにあるものは、神とアブラハムとの個別的な人格関係があるだけであって、アブラハムは、なんらの普遍的な媒介をも必要とせず、直接に、単独者として神に対面し、神の前にただひとりで立っているだけである。そして、神のもとにただひとりで立っているこのアブラハムがもっている信仰の前では、いっさいの普遍的な倫理的義務が色あせた無価値なものとなっている。こうした信仰の前では、倫理的な目的は、目的としての妥当性を失ってしまうのである。このことをキルケゴールは、「宗教的信仰による倫理的なものの目的論的停止」と名づけた。

　ここでは、個別者が普遍的なものよりも高い価値をもつものとされる。ここでは、個別者は、個別者として絶対者（神）に対して絶対的な関係に立っている。これは、普遍性の実現をめざす倫理の立場からみれば、明らかに背理《パラドックス》であって、いかなる理論《ロゴス》によっても合理化できない逆説《パラドックス》である、といわなければならない。しかも、この背理、この逆説を、それぞれの単独者がその全情意《パトス》をこめて選びとることによってのみ、宗教的生の世界が個々人に啓《ひら》き示されるのである。信仰の特長がこのようなものであったからこそ、アブラハムは、神の命を自分ただひとりの内面で受けとめ、これを愛する妻にも、いとし子にも、その他の誰にたいしても明《あ》かすことなく、黙々として実行するほかはなかったのである。かれは、沈黙のうちに事を行なうことを欲したのではない。このような高い課題にたいしては、かれは、いうべき言葉をもたず、語ることができなかったのである。

信仰による愛の反復

神の愛を信ずる者は、アブラハムとイサクの物語が示しているように、背理なるものの力によって、自分があきらめたいっさいのものを、欲求の対象という審美的意味から浄化された神の祝福として、受けとりなおすことができる。そしてこれは、感性的な快楽のようにうつろいやすく、享楽のあとにむなしい空虚感を残すようなものではなくて、もはや滅びることのない、永遠の幸福を私どもに恵んでくれるものである。このような確信に到達した立場から、レギーネとの愛をふたたびとりもどそうとするねがいをこめて書かれたものが、『反復』である。

キルケゴールがここで使用している「反復」という概念は、同じことの単調なくり返しという意味ではない。キルケゴールはこの「反復」という概念を、ギリシア的な「想起」[1]の概念と対比して提出している。

1) 「想起」(anamnesis)は、プラトン哲学の重要概念の一つであって、地上の感覚的迷妄を取り払いさえすれば、地上生活以前の自由な霊魂が本来もっていた真理を再び想い起す形で、真理の認識が可能となるという説。ここでは、真理は、過去的な性格で認識者の魂の中にすでに与えられているものと考えられているのである。

「想起」が、永遠の昔からあったところのものを反省による移行によって回想するという過去的な性格をもつのに反して、「反復」は、失われた現実を、信仰の飛躍によって受けとり直すという未来的な性格をもつ。そして、この受けとりなおしは、信仰によって背理なるものの力が飛躍的に発動する「瞬間」をとおして、そのつどごとに生起してくるものであると主張されている。

『反復』の冒頭でなされたみぎのような議論は、現代の実存哲学にたいして大きな影響を与えることとなったものであるが、このような哲学論を展開するのがキルケゴールの真意ではなかった。『反復』の主題は、冷静な精神分析家によって試みられた恋愛の心理分析であり、これをとおしてレギーネとの愛の反復の可能性を明らかにしようとするのが、この著作のねらいであった。

キルケゴールのこのねがいは、かれがベルリンからコペンハーゲンに帰って、レギーネとシュレーゲルとの婚約という事実を知るにおよんで、無惨《むざん》にもうちくだかれた。こうして『反復』の原稿は、とくにその終わりの部分において、大幅に書き改められることとなったので、この著作は、理念的な統一を重んじたキルケゴールの著作としてはめずらしい、理念的な統一を欠くうらみのある作品となった。

しかし、ここで展開されている恋する青年の心理分析は、その底に深い宗教性をただよわせながら、真の愛とはなんであるかということについて、わたくしどもに深い反省をよびさましてくれる。わたくしどもはここで、宗教的な理念による審美的な理念のうけとりなおしは、どのような形のものとなるのか、ということに関して、多くのことを学ぶことができよう。ここには、キルケゴールの文学的な才能がみごとに発揮されているので、わたくしどもはここで、小説を読むような興味をもってひとりの青年詩人の恋物語をたどりながら、キルケゴールの思想にひきこまれていくこととなる。その意味で、これ以上の内容解説をさし控えて、読者が直接に本書を手にされ、各人それぞれにキルケゴールの真意をくみとってくれることを、期待することにしよう。

自由な精神の現象論としての『不安の概念』

質的な「精神現象学」の試み　『反復』の中で文学的な形態で提起された問題、すなわち信仰の飛躍によって、罪ある自己を自由なる自己として「受けとりなおす」という「反復」の「瞬間」は、どのようにして人間の精神の中に生成してくるものであろうか、という問題を心理学的に叙述していくのが、「不安の概念」の主題《テーマ》である。

キルケゴールはここで、信仰を思弁に解消し、倫理的主体性を普遍的解釈で代用させ、罪の自覚を反省の媒介で水割りしてしまおうとする、当時の亜流ヘーゲル派をたえず念頭におきながら、信仰と倫理が、行為する個人がみずからの自由と責任によって自己の内面に確保すべき、主体的な真実であることを明らかにしようとしている。しかし、そうすると、信仰に忠実であり倫理的に生きようとする人は、自分以外に頼るものをもたない孤独な選びの前に立たなければならないことになる。かれはいわば、無に直面して自由を行使しなければならない。そこに、根本気分としての不安がめざめてくる。この不安に鍛えられることによって真実の自己とその自由をわがものとしていくところに、ほんとうの自己をとりもどし、確立していく、人格的成長の途がひらかれる。この自覚の成長プロセスを心理学的に分析しようとするのが、この『不安の概念』であった。

書斎のキルケゴール（ヤンセン画）

こうした本書のテーマは、後の『死に至る病』の中で、完璧《かんぺき》に整理された形で展開された。しかしわたくしどもは、ヘーゲルの思想の結晶である『論理学』や『精神哲学』の真意を理解するための重要な鍵をにぎっているのが、かれの『精神現象学』であると同じような事情を、ヘーゲルの客観的な理論体系に対決して主体的な決断の真実を強調しようとした、キルケゴールの『不安の概念』と『死に至る病』との間の関係においても、みることができる。『不安の概念』は、キルケゴールの思想が自覚的に成長していくプロセスをわたくしどもに解きあかしてくれる、『精神現象学』なのである。ただし、ヘーゲルの『精神現象学』が、矛盾を普遍的な立場へと媒介していく量的な弁証法の立場で書かれたのに反して、キルケゴールの『不安の概念』は、矛盾を単独的な自己の内面でがっちりとうけとめて、背理を背理のままで信じようとする信仰の情意《パトス》によって矛盾を統一しようとする、質的な弁証法の立場で展開されていくところに、『不安の概念』がもつ独自な意義がある。

このような理由で、『不安の概念』は、主体的な自由を重んずる現代の実存思想家たちに、大きな影響を与えることとなった。たとえばハイデッガーの哲学は、この本からの影響なしには生誕することができなかったであろう。わが国の読書人に早くから迎えられて多くの読者をえた本の一つが、この『不安の概念』であったことも、こんな理由があったからこそである。『誘惑者の日記』や『反復』などの文学的なスタイルで書かれた本とちがって、論説の形で書かれたものであるから、かならずしも読みやすい本ではないが、現代思想の宝庫をひらこうとするものにとっては、欠かすことのできない文献の一つであるといわなければならない。

本書の中には、思想の世界にたいしてキルケゴールだけが提示することができた、重要な独創的概念が、いたるところにちりばめられている。たとえば、「瞬間は永遠のアトムであり、永遠が時間の中にくいこんだものだ」という立場で展開される時間論は、アウグスチヌスの『告白』の中での時間論とともに、時間の問題を哲学的に問おうとするものにとっては、貴重な示唆《しさ》を与えてくれるであろう。また、本書で展開されるギリシア的な運命論や天才論も、キリスト教思想の立場からのすぐれた分析となっていて、ニーチェの運命論や天才論とはまったくちがった角度からの照明を、ギリシア哲学や文化にあてくれるであろう。しかしここでは、この本の主題である自由な精神の生成過程についてのキルケゴールの叙述の概要だけを、紹介するにとどめておこう。

自由と罪（倫理と宗教）

人間が実現すべき善とは、自由の実現であり、自由なる自己の確立である。倫理学はこの理念を課題としてかかげて、人間がそのための諸条件を所有しているものと前提している。しかし、倫理学のこの課題を実現しようとする戦いのなかで、罪が姿をあらわしてくる。罪とは、自由となるべき人間がそのための条件を所有していないという事実を示す概念であって、倫理学は人間の限界を示すこの罪性につき当たって坐礁《ざしょう》する。自由を欲して不自由な現実のみを招きよせるのが、人間のありのままの姿である。ここで倫理の自足性は打ちくだかれてしまう。

こうして、理想の実現をめざして上から下へと動く第一の倫理学は、有限な人間の現実につき当たって挫折してしまう。ところで、この罪なる現実を解明し、人間の現実を罪あるものとして前提したうえで、その救済を約束してくれるものが宗教である。

宗教は罪の自覚から出発して、罪の救済を、人間を超越した絶対者（神）の力によって成就《じょうじゅ》する。このような宗教によって基礎づけられることによって、第二の倫理学が可能となる。第二の倫理学は、現実の救済をめざして下から上へと動く。第一の倫理学は、理念のために自己を捨てることを要求したのであるが、ここでは、捨てられる自己にたいして捨てる自己がどこまでもついてまわって、我執《がしゅう》の根を断ち切ることができなかった。第二の倫理学では、我執の根をあらわにしてこれを絶対者の力によってたちきることを決断することによって、罪なる自己の我執から完全に自己を解放し、自由なる自己を絶対者から受けとりなおすことが課題となる。真の自由の実現、真実の自己の確立は、ここでこそ可能となる。こうして自己の救済が成就される。

この第一倫理学から第二倫理学への転換は、罪の自覚から出発した信仰の飛躍によって、瞬間的に生起する。この瞬間は、信仰者の決断によって招きよせるほかはないものであるから、これについては、どのような学問によっても説明することができない。けれども、個々人をこの決断による飛躍に向かって準備するものが、精神的存在としての人間がもっている根本気分、「不安」である。人間は、不安にうながされ、不安を跳躍のバネとして、我執の自己から罪の自覚へ、罪の自覚から信仰の決断へと飛躍するのである。

自由のめまいとしての不安

不安は、恐怖とは異なる。恐怖は特定の具体的な対象をもつが、不安は、自由の可能性のみがあって現実性がないという無の深渕を前にした、「自由のめまい」であって、特定の対象をもたない。特定の具体的な対象を与えられていないからこそ、不安なのである。

不安は、つねに二義性をもってあらわれてくる。動物にも、神にも、不安は無縁のものである。ただ、動物性と神性とを総合する精神としての人間にのみ、不安の気分が体験される。不安のなかで、人間の精神は自由の可能性を啓示される。しかし、その自由の可能性はまだ実現されてはおらず、そこにあるのは無気味な無のみである。こうして不安は、「或る共感的な反感であり、そうして、ある反感的な共感である」、という二義性をもったものとなる。そして、不安のもつこの二義性にうながされて人間は、自由への飛躍の行為へとうながされていくのである。

不安には、いろいろな段階がある。まず、罪の意識を欠いているというキリスト教以前の精神における不安が、分析される。

この中でもっとも低次のものは、精神喪失の不安である。人間が霊と肉の総合である精神なのだという意識を失って虚心の状態にあるとき、不安を忘れて冗説にふけるという自己満足の生活が実現される。ここでは人間が、日常性の中で自己を見失ってしまうのである。これは、キリスト教界における異教徒たち、すなわち、洗礼をうけ教会まいりをしているから自分はキリスト者だと錯覚している者たちの中にのみ、見出されるものである。かれらは、このような生活に、いささかも不安を感じていない。しかし、ここにこそ実は、内的むなしさにうながされる最大の不安がひそんでいるのである。

つぎは、運命にたいして不安をいだくギリシア的異教の立場での不安である。ここでの不安にうながされて人々は、運命にたいして負い目[1]をもった個人として、自分の自由と責任に目をむけるようになる。この負い目を負った自分じしんを注視することによって、負い目にたいして不安を感ずるユダヤ的立場が成立する。ここで人々は、悔いの意識に基づく神への奉仕によってこの不安をこえようとするのであるが、この悔いの反省は、いつでも一瞬おそすぎる。こうして倫理的な負い目の意識を深めることによって、宗教的な罪

1)　果たすべき課題をまだ果たしていないという責任不履行の意識であって、無垢に対立する意味の語として使用される。

の自覚の方向に自己を接近させていくのが、この段階である。

つぎは、罪の自覚に到達したキリスト教的自覚の段階において成立する、罪にたいする不安である。ここではじめて自由は、善悪という具体的な規定をもつようになる。善とは、罪なる現実をはっきりと自覚して、この罪なる自己を救済してくれる神の愛を信じ、神にいっさいをゆだねて生きようとすることであり、悪とは、不信仰によって神に叛《そむ》いて、罪の不自由にますます深くはまりこんでいくことである。

この段階における不安の絶頂は、「善にたいする不安」としての「魔神的《デモーニッシュ》なるもの」[1]（The Demoniac）である。これは、救済者にたいして頑固に自己を閉ざして、罪なる自我の殻に閉じこもろうとする生き方である。罪の自覚をもちながら、この罪にしがみついて信仰を拒否する生き方のむなしさが、深刻な不安に人人をつきおとす。

この不安にうながされて信仰の飛躍をしたとき、さいごの「信仰と結びついている不安」の段階が成立する。この不安は、「おそれとおののき」で主題とされた信仰の騎士アブラハムの人間的内面にはたらいていたものであろう。この不安に鍛《きた》えられることによって信仰の反復を持続する者は、可能性に訓練されて自由を完成し、いっさいを失うとともにいっさいをとりもどすことができるのである。

1）最高の内面的激情《パトス》が狂気のありさまを呈し、やむにやまれぬ偏執狂的な状態となっている精神状態を表現する概念である。

人生の三段階を象徴的に描く『人生行路の諸段階』

人生の三段階　キルケゴールは、『あれかーこれか』で提起した審美と倫理、快と義務の対立を、宗教の立場から統一することをめざして、『おそれとおののき』を書き、信仰による愛の新たなうけとりなおしの可能性を信じて、『反復』を書いた。そしてさらに、人間の魂が信仰へとめざめていく内面的な覚醒《かくせい》のプロセスを、『不安の概念』で追求した。こうしてキルケゴールは、人生の自覚的な生きかた（実存）[1]が、審美的実存、倫理的実存、宗教的実存の三段階からなるものであることを示した。この三段階は、そこで展開される人生の内容からみれば、可能的自己の立場で営まれる現実享受の生きかた（審美的生）、普遍的自己の立場で営まれる現実理想化の生きかた（倫理）、単独的自己の立場で営まれる現実救済の生きかた（宗教）であるとされる。

この三つの自覚理念によって人生の各段階の特長を照明して、悔い改めて信仰につこうとする宗教的実存へと向上することこそが意義ある人生であることを示唆するのが、この『人生行路の諸段階』である。この本は、「数人の筆者による研究」を集めたものという体裁で、匿名の人である製本屋ヒラリウスの名で、一八四五年四月に出版された。ヒラリウスに原稿製本を依頼した文学クラブの一中心人物が死んでから、返却し忘れていたこれらの原稿の価値を、子どもの家庭教師に頼んだ一学生から教えられて、ヒラリウスが

1）「実存」については、一四四頁以下でくわしくのべる。

印刷・出版したもの、という例の手のこんだやりかたがとられているが、真の著者は、もちろん、キルケゴールその人である。本書の書評がきっかけとなって、例のコルサール事件がひきおこされることとなったいきさつについては、すでに生涯編でふれておいた。

本書は、三段階を象徴する三つの論文から構成されている。『酒中に真あり』と題されたその第一論文は、匿名の人ウィリアム＝アフハムの回想談の形で展開される。五人の男が催した饗宴《きょうえん》で行なわれた、女性・恋愛・結婚をテーマとする演説を回想して紹介するこの第一論文では、美的生存の楽しさが美しく説かれていく。『結婚についての諸想』と題された第二論文は、これにたいして異論を提起する一妻帯者の文章という形で書かれ、倫理的な立場から美的な立場を反駁《はんばく》する主張が展開されていく。『責めありや？責めなしや？』と題された第三の論文は、匿名の人フラーテル＝タキトゥルヌスが偶然に湖底から引き上げた「ある人」の、婚約破棄をテーマにした日記体の手記と、これにたいするフラーテルの批評論文という形で書かれている。ここでは、キルケゴールの恋愛体験が、宗教的な立場から反省的に分析さ

友人とコペンハーゲンの街を行くキルケゴール（右）

れていくのである。分量的にも質的にも、この第三論文『責めありや？責めなしや？』が本書の主要部分を構成するものとなっている。

『諸段階』のもつ独自性

こう見ただけでも読者は、本書のテーマが、キルケゴールの処女作『あれか―これか』と類似していることに、すぐ気付かれるであろう。なぜにこのような「反復」が試みられたのであろうか。『あれか―これか』の主題が、この『諸段階』では、どのような新しい理念のものとして、「受けとりなおされ」ているのであろうか。

まず第一にいえることは、『あれか―これか』では、人生が美と倫理の二つの観点から描かれていて、宗教は倫理から独立せず、倫理・宗教的段階として両者が一体的に論じられていたのにたいして、この『諸段階』では、倫理と宗教がはっきりと区別されて描かれていく、ということである。

対立するものを観念的な思弁の媒介によって抽象的に宥和《ゆうわ》させていく考えかたを、キルケゴールは「量的弁証法」と名づけて忌みきらった。これにたいしてかれは、「質的弁証法」の立場に立って、現存する対立をはっきりと区別してその質的差異を確保しながら、この対立を克服して統一するのは、反省による観念の中だけの移行ではなくて、背理を信ずる信仰の決断によって行為の世界に超越しようとする飛躍であることを強調した。この論理を哲学的に究明しているのが、この次に紹介する『哲学的断片』と『哲学的断片への後書《あとがき》』であるが、『諸段階』は、このような思想の文学的な形象化であるといってよいであろう。

ただこのために、第二部の『結婚についての諸想』は、『あれか―これか』の第二部にくらべて生気を欠く退屈なものとなっている。理念的統一の面でえられた前進が、現実的活気の面での犠牲を強《し》いたのである。『あれか―これか』とくらべてみて気付く第二の点は、美的段階のさいごに置かれていた婚約解消物語(『誘惑者の日記』)が、宗教的な苦悩と救済の段階に移された(『責めありや?責めなしや?』)、ということである。

この『諸段階』は、キルケゴールが、レギーネとシュレーゲルの婚約を知って、はっきりとかの女との結婚を断念した立場で書かれたものである。ここでは、レギーネとの愛の体験が、純粋に客観的に反省されて、一般化されている。したがって、『誘惑者の日記』や『反復』よりも、むしろこの『責めありや?責めなしや?』の方が、キルケゴールの恋愛体験の真相を伝えるものであるといわれている。私どもはここで、ひとりの憂鬱な青年が恋の悩みによって鍛えられながら、どのようにして宗教的な敬虔《けいけん》の人生に登りつめていこうとしたのかを、学びとることができよう。

『人生行路の諸段階』は、みぎのような特長をもった作品であるから、それ以前のかれの作品のように、直接的に読者の心にうったえてくる迫力においては後退したが、反省的・象徴的な文学スタイルで書かれた人生詩の傑作の一つとして、多くの人々に愛読されることとなった。プラトンの『饗宴《きょうえん》』がすぐれた哲学入門書として愛読されるように、愛の饗宴を現代的な反省のスタイルで美しく展開しているこの『諸段階』は、実存的思想へのすぐれた入門書の一つであるといってよいであろう。本書は、論理的な思索に習熟していない若い人たちをさそって、いろいろな人生模様を文学的な興味をもってたどらせながら、自然に、深い哲学的思索の楽しさにみちびいてくれるであろう。

審美的生の意義

ここで、文学的な形で展開されている思想は、ちぢめていえば、つぎのように要約できるだろう。第一段階をなす審美的生は、第二段階の倫理的生によって越えられるべきものではあるが、第三段階の宗教的生によって再び大きく肯定されなおされるものであるから、決してたんに否定的で経過的な意味しかもたないものではない。審美的生は、倫理的生とは直接的に対立するものとして描かれているが、宗教的生とはある意味で共通性をもったものとして、復活させられる面をもっている。すなわち、両者とも、与えられた現実に密着して営まれる倫理的生にくらべれば、ともに、人生におけるゆたかな可能性の展望をひらいてくれるものとなっている。現実を理想化するためには、堅い現実にしがみつく不自由から解放されて、自由な可能性の世界に遊び、構想力によって現実のもつ多面的な可能性をスパイしなければならない。審美の才能を欠く者は、単調な義務の履行と、ひからびた信仰への偏執《へんしつ》によって、自由への途を自《みずか》ら閉ざしてしまうほかはないであろう。

それに、キルケゴールが『わが著作活動の視点』において解明したところによれば、この『諸段階』の全体も、大きくみれば審美的著作に属するのであって、人々を「真理の中へとだましこむ」ために書かれたものであった。人生のもつゆたかな可能性を享受し構想することができてこそ、その享受をあきらめる宗教的な諦念《たいねん》も深みのあるものとなるのであり、その限界にまで歩みつくすことができてはじめて、そのむなしさに気付いて、これを否定しようとするのりこえの準備もととのうのである。キルケゴールの魂が、宗教に傾けば傾くほど、かれの才筆が美的人生探求に向けられていかなければならなかった理由も、ここにあるのである。

しかしまた、美的可能性と宗教的可能性の間には、根本的な異質性があることも、見落してはならない。美的可能性は、現実から遊離したフィクションの世界に求められるのに反して、宗教的可能性は、現実に即してその在りようの根本的な変革をなしとげていく、新生の世界につくり出されていくものである。美的人生における現実からの超越が構想力によるのにたいして、宗教的人生における現実からの超越は、情意による決断行為によってなされるのである。そして、美的人生と宗教的人生との間にあるこの区別を確保して、その混同を防ぐためには、倫理的人生の意義を正しく自覚することが要求されてくるのである。

倫理的人生

倫理的人生は、現実の自己と現実の人倫世界に立ちかえり、そこで要求される人間としての普遍的な課題を、みずからの責めとして負おうとする。

美的自己は、自己以外のいっさいのものの現実性を否定して、これを、自分が享受する可能性に解体しながら、享受の主体である自己だけはひそかに温存しておこうとする、我執《がしゅう》の立場にとどまっている。しかし、この我執の立場、自我中心の立場は、自己以外のいっさいを可能性の世界に解体することによって、自己がその上に立つ現実をも見失い、自己を、真空の中に浮動する亡霊に化してしまう。こうして、美的自己は、自分じしんをも虚無化してしまうほかはないこととなる。美的自己が感ずる虚無感は、ここからくるのである。

これにたいして倫理的自己は、現実に足を置き、そこでの課題を誠実に果たして行く方向で、現実の自己を否定し、のりこえて、普遍的な自己を実現していく「意志」の立場をとろうとする。しかし、ここでもまた、真の自己否定は成就されない。否定するものも自己であるから、どこまでいっても、否定する自己が温存されていくのである。しかも、この否定する自己は、本質的自己であるという権威を身にまとうことによって、ますますつよく肯定される。自己肯定が自然なものであったのにくらべれば、倫理的自己における自己肯定は意識的なものであるだけに、誇りがましい傲慢《ごうまん》さをさえ、ともなってくる。倫理家の主張が、おしつけがましい説教臭を帯びて反感を感じさせるのは、そのためである。倫理的人生もまた、このような自力の限界に到達して、挫折するほかはないのである。

宗教的人生　自己が自我の立場の限界を自覚して、絶対者（神）に根拠して生きようとするところに、宗教的人生がひらかれる。この立場から、かつてのレギーネ体験を冷静に反省しようとして書かれたのが、本書第三部の『責めありや？責めなしや？』であった。

しかし、ここには、真の宗教的な救済のよろこびよりもむしろ、自己否定の苦悩や、神の愛を信じようとして信じきることのできない苦悩になやむ、人間キルケゴールの姿がある。『人生行路の諸段階』の第三部は、その意味で、人生の最高段階としての宗教的人生そのものの典型を示しえたものとは、まだなっていない。ここに示されているのは、それへの血みどろな求道の姿であるというべきであろう。

哲学的著作の思想について

生成の哲理と主体的な伝達様式を論ずる『哲学的断片』

体系的哲学への批判　キルケゴールは、当時の流行であったヘーゲル流の思弁的な哲学体系の理論を批判するために、『哲学的断片または一断片の哲学』を一八四四年の六月に出版した。この作品の根本テーマは、「哲学的観念論」と「キリスト教」との関係であって、同じテーマを、同じ匿名形式で論じた一八四六年刊の『哲学的断片への後書《あとがき》』とともに、キルケゴールの実存思想を哲学的形式で論じたものである。キルケゴールの思想を理論的にまとめて理解するためには、この二つの著作は、欠かすことのできない貴重なものである。二つとも、ヨハンネス＝クリマクス著、キルケゴール刊という形式をとっており、キルケゴールがこれまでの匿名著書で展開した思想を、ここで理論的に整理して示そうとしている点でも、貴重なものである。『哲学的断片』は、『不安の概念』や『人生行路の諸段階』よりも先に出版されたものではあるが、その内容からして『後書』と一体のものであるから、刊行年次にはこだわらずに、ここで紹介することにしよう。

本書の題名となっているデンマーク語の原意は、「哲学のかけらあるいはひとかけらの哲学」である。か

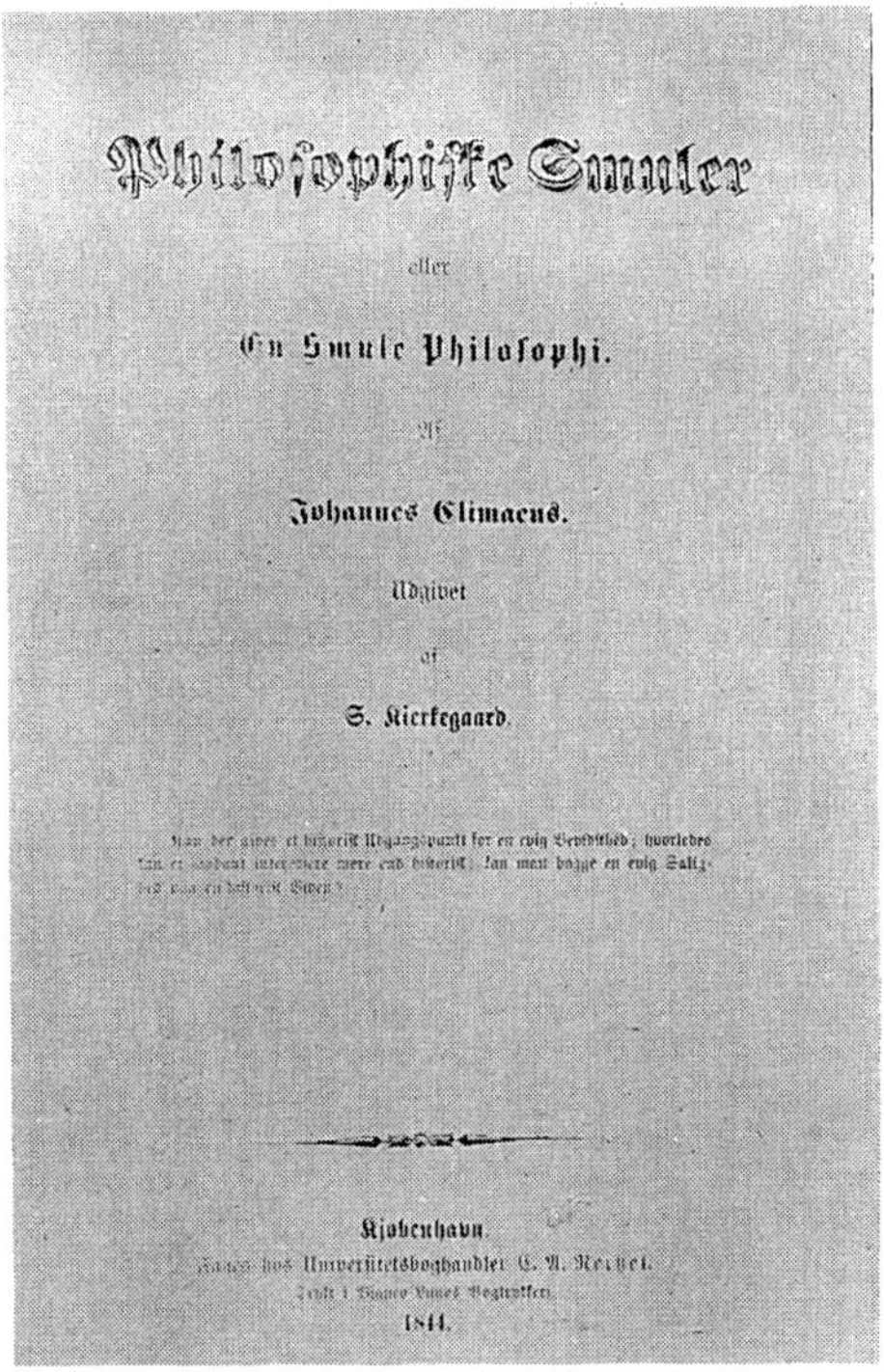
Philosophiske Smuler

eller

En Smule Philosophi.

Af

Johannes Climacus.

Udgivet

af

S. Kierkegaard.

Kjøbenhavn.

Faaes hos Universitetsboghandler C. A. Reitzel.

Trykt i Bianco Lunos Bogtrykkeri.

1844.

『哲学的断片』初版本の表紙

れはこの書名で、当時デンマークのヘーゲル主義者たちが、いかめしい哲学体系をつくることに気をとられて、肝心《かんじん》な人間の実存（自覚的な生きかた）を忘れ去っていることを皮肉り、「最高の真理はそのような体系的理論によって説明されるものではない。最高の真理をとり扱うわたくしの哲学は、そのような学問体系からみれば、ひとかけらの落ち屑のようなものである」、といおうとしているのである。

キルケゴールはここで、ヘーゲルの思弁哲学の用語と弁証法論理を駆使しながら、体系的な理論でいっさいのことを説明できると錯覚している哲学が、どんなに無意義《ナンセンス》なものであるかを、みごとにあばいてみせてくれる。とくに、生成する世界において成立する歴史的真理や信仰の真実を、抽象的な理論の体系にまとめあげることは、真剣な人生問題をものずきな冗談やおしゃべりに茶化してしまうようなもので、狂気の沙汰であることを明らかにして、信仰を思弁から守ろうとする。

主体的な真理

客観的な真理は、普遍的な理論によって説明することができ、一つの論理体系の中に位置づけて説明することができる。客観的な真理を求める客観的な思想家や科学者は、「それはなんであるか」と問い、問われる対象を観照し観察することによって、その解答を出し、これを統一して一つの理論体系にまとめあげていくのである。

自分がそれによって生きようとする主体的真理は、主体的な情熱をもって選びとって自己の内面に確保されるものであって、普遍的な理論や体系によって説明することのできないものである。主体的な真理を求める主体的な思想家や宗教者は、「われいかに生きるべきか」と問い、実際の生きかたをとおしてその解答を出し、これを個性的な真理として自己の内面にしっかりと保持していくのである。

客観的な真理も、つまるところは、自己の主体的な生きかたを正しくつらぬくためのものであり、そのためのいろいろな可能性を明らかにしてくれる限りにおいて意味をもつものであるから、これは、主体的な生きかたと相関的にその価値が定まる、手段的・相対的な真理である。これにたいして、「われいかに生きるべきか」を明らかにする主体的な真理こそは、そのためにいっさいの真理が求められる、究極的・絶対的な真理である。本来の哲学は、このような真理をこそ問題にするのである。

このような主体的な真理観は、実は、後の『後書《あとがき》』で主題的に追求されるのであるが、『哲学的断片』

は、このような考えかたを前提にして書かれた、主体的真理の伝達論と生成論なのである。

主体的真理の伝達論

主体的な真理は、体系的な理論によって表現することも、伝達することもできない。主体的な真理は、各人の自己をして本来の自己たらしめるものであるが、このような真理を人間各自に伝達して、かれらを本来の自己たらしめる者は、人類の教師とよばれる。そこで、人類の教師とよばれるソクラテスとイエスのばあいに即して真理の伝達様式を考察するのが、本書の主題となる。つまり、ここでキルケゴールは、ヘーゲルよりもソクラテスを学ぶべきであり、そしてさらに、ソクラテスよりもイエスに倣《まね》ぶべきであると主張するのである。

まず、ソクラテスのばあいを考えてみよう。ソクラテスは、ひたすらに「よき生」を求めて生きた主体的な愛知者であった。そのかれは、みずからが無知の自覚から出発して各人に無知の自覚をうながすという「皮肉《アイロニー》」の方法によって、人類の教師となった。有知者であるという偏見をうちくだいて愛知の運動をおこさせさえすれば、各人は、自分の中にもともとあった真理を想い起すことができる、というのがソクラテスの教育法、「助産術」であった。すなわち、ソクラテスの「無知」の論理は、実は「有知」の論理を前提として成立していたものであったのである。すべての人間が永遠の真理を自分じしんの内にもっており、かれはそれを認識することができる、というのがそこでの前提であった。ここでは、教師は、各人が自分で真理をみずからの内部から産み出すための助産婦にすぎず、そのためのきっかけを与える機縁であるにすぎない。

ここでは、教師と弟子の関係は、本質的には、無人格的・無時間的な永遠関係となる。だれでも、いつでも、機縁となりうるからである。

イエスのばあいはどうであろうか。ここでは、学ぶ者は真理をみずからの内にもってはいず、むしろまったくの不真理の中にいる。教師は、学ぶ者に真理をもってきてやるのでなければならず、それを理解する条件をも与えるものでなければならない。ここでは、教師はたんなる機縁ではなくなり、教師と弟子の出あいの瞬間そのものが、決定的な意味をもつものとなる。真理である神だけが教師でありうる。学ぶ者を救うために条件を与える教師は、愛の実践者であり、教師と弟子の関係は愛の人格関係となる。愛の実践者である神は、救いの条件を弟子にさずけるために、弟子と瞬間的な同等性をもつようになり、人間の姿を装って弟子に近づく。

しかし、イエスという人間の姿をもったものが神であるということを、人間の知性は見分けることができない。これは、知性にとっては絶対の背理である。しかし、知性がみずからの限界を自覚してこの背理をすなおに受けいれたとき、信仰が成立する。人間の知性の権威は、自己の力を絶対視するところにではなくて、その限界をはっきりと認識して信仰にその座をゆずるところにこそ、求められるのでなければならない。

神と「同時代的」に生きるというのが、このような最高の真理を認識する「信仰」が要求する課題である。この点においては、イエスと同時代の弟子も、一八〇〇年をへだてた後代の弟子も、同じ条件にある。同時代の弟子たちは、いやしい姿を見ききするという感覚にじゃまされて、大工の私生児イエスとは同時代者であっても、神イエスと同時代的に生きることには躓《つまず》く。逆に後代の弟子は、神イエスについての百万言の冗説にわざわいされて、イエスという神人格と自己との直接的な対面の人格関係をもつことに躓く。

こうして、問題がキリスト教的真理であるばあいには、信仰による背理の受容こそが真理にいたる途であり、各人を信仰の飛躍によって神と人格的に対面させることこそが、真理伝達の正しい様式であるということが、明らかにされていく。

歴史的真理の生成論

『哲学的断片』の第四章と第五章の間におかれた『間奏曲』において展開される生成論は、のちの『後書』で詳論される実存的真理論のきっかけを与えたものとして、重要である。

キルケゴールによれば、ヘーゲル論理学が「存在《ザイン》」(Sein, being)と「生成《ベルデン》」(Werden, becoming)という存在概念をその中にとりこんだことが、思想界の混乱の原因であるといわれる。こうして、自由であるべき存在と生成が、必然化されてしまったというのである。

生成とは、可能性にすぎなかったものが、つまり、現実には存在しなかった無が、現実の存在へと変化することである。ヘーゲルにおいては、この生成が、論理的な体系のなかで、存在の必然的な移行として説明されている。しかしキルケゴールは、このような見かたを、生成についての根本的な誤解としてしりぞける。

かれによれば、可能性から現実性への変化は、必然性によっておこるのではなく、自由によって飛躍的におこるものである。なぜなら、生成の変化は、「本質」(Wesen, essence)の変化ではなくて「存在」(Sein, being or existence)の変化であり、非存在から存在への変化なのだからである。

「本質」は、事物が永遠的にもっているものであり、それを失えば、その事物がそれでなくなるような、その事物のエッセンスである。本質の変化は、一定の枠内での量的な移行であるから、永遠的・必然的におこる。しかし、存在する事実は、論理的必然によってつくりだすことはできないものであり、論理や概念をいくら積み重ねたところで、一つの存在もつくり出すことはできない。非存在から存在への移行は、いつでも、自由による飛躍によってなるものである。「生成とは自由によっておこる現実性の変化である。」

生成したものは、その生成によって歴史的なものとなる。歴史的なものは、時間性としての過去性をもつ。歴史的現象は、過去的なものとして、一つの事実となり、もはやそれ以外の在りようをとることはできないという不変性をもつ。

しかし、この不変性は、論理的な必然性、必然的な不変性とは異なる。過去のもののもつ不変性は、変化によって、生成の変化によって実現されたのである。過去のものも、それが事実として生起したその時点では、自由による「可能性から現実性への飛躍」として歴史的な事実となったのであって、そこには、必然性をはねかえす偶然性がつねにつきまとう。

過去のものがもつ不変性は、その現実的な在りようがそれとは別の形をとることができない、ということである。しかしこのことからは、その可能的な在りようがそれとは別の形をとりえなかったであろう、ということは決してでてこない。それは、別様にもありえたのである。

このようなわけで、過去のものは、それが起こったことによって必然的となったのではなくて、逆に、それが起こったことによって、それは必然的でないことを実証しているのである。生成する歴史的真理とは、そのようなものである。したがって、このような真理の認識は、いっさいを必然化する知性の論理によってではなく、必然性の外皮の奥にひそんでいる偶然性を摘発する、懐疑の意志によらなければならない。

ところで、生成中の生成ともいうべき、とくべつの歴史的事実がある。それは、「神が人となった」、「永遠が時間の中に侵入した」という事実である。このような事実の生成を信ずるためには、懐疑の立場から、さらに信仰の立場へと超越しなければならない。懐疑がまだ認識の世界にとどまっているのにたいして、信仰は自由なる内的行為のわざであり、背理を信じようとする情意《パトス》そのものである。

だいぶ難解な哲学的用語と論理を羅列したので、理解しにくかったかもしれない。しかし、わたくしどもはいま、キルケゴールの哲学思想の絶頂に登りきろうとしているのである。登山でいえば、さいごの九合目の胸つき八丁を歩いているのだ。がんばってついてきてもらいたい。

おそらくこのようなねがいに駆られてのことであったろう。キルケゴールは、『哲学的断片』で示したかれの思想世界の簡略なスケッチを、より親切に、よりくわしく解説して、わかりやすいものにしようとして、一年半後に『哲学的断片への後書』を出版した。そこでつぎには、この『後書《あとがき》』によって、かれの思想をさぐってみることにしよう。

実存哲学の誕生を告げる『哲学的断片への後書《あとがき》』

審美的著作との訣別　一八四六年二月に刊行された『哲学的断片への後書《あとがき》』は、いろいろな意味で、かれの著作活動にとっての記念碑的な意義をもつ作品となった。『後書《あとがき》』という書名にもかかわらず、実際には、分量的にも、『哲学的断片』の何倍にもなる大冊であり、内容的にも、キルケゴールの実存思想の集大成ともいうべきみごとな思索の結晶がこめられていて、現代における実存哲学の誕生を告げる名作となっている。こうした本書の意義を理解するために、まず、その書名に注目してみよう。

『哲学的断片への完結的、非学問的なあとがき―演技的、情熱的《パトス》、弁証法的雑録、実存的陳述』、これが本書の正式の書名である。さいしょの草案では簡単に「論理的諸問題」と題されていたものが、このような、副題つきの長い書名にされたについては、キルケゴールのなみなみならぬ想いと決意がこめられていたのである。

『完結的』ということばには、これで著作活動をうちきって、片田舎の牧師として、静かに神に仕えて生きようと決意していた、当時のキルケゴールの心情がこめられている。書くべきことは、すでに書きつくした。これで著作活動に決着をつけよう。こう考えてかれは、残された重要問題の解明に全身全霊をうちこんで、本書を書きあげたのである。

しかし、本書の刊行寸前にコルサール事件にまきこまれるという不運にまきこまれたために、かれのこの意図は実現されなかった。かれはこの事件での体験をとおして、著作家として果たすべき新たな課題をつきつけられた。真の信仰は、信仰者がみずからの内面にひっそりとかくしもって、ユーモラスに表現するだけのものであってはならない。虚偽なる大衆と対決してこれとたたかう行為をとおして、実践されていくのでなければならない。そのためには、審美の生のむなしさを指摘するだけではなく、みずからが信仰に基づく「世俗的虚偽の変革行為」の実践者とならなければならず、そのためにはまた、宗教的真理を積極的に主張していかなければならない。このような自覚にもとづいてかれは、宗教的著作家としての活動を展開していくこととなった。

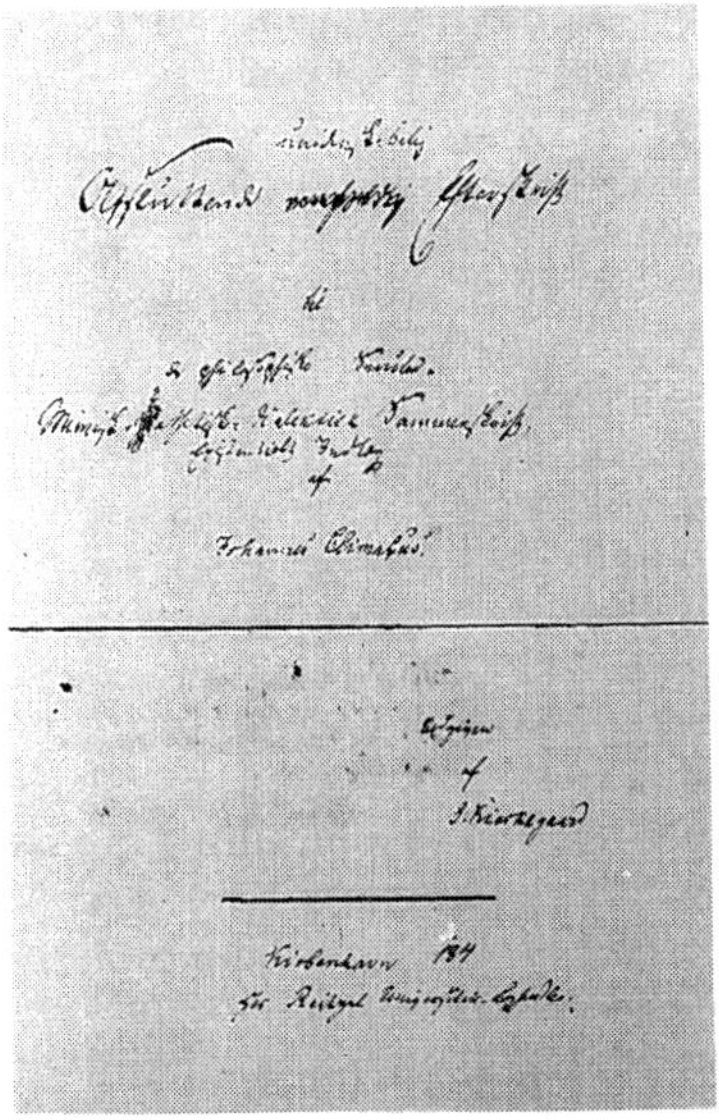

『後書』印刷原稿の標題部分（コペンハーゲン国立図書館に保存されている）

こうして『後書《あとがき》』は、審美的著作家から宗教的著作家へと決定的な方向転換を行なう「転換点」となった。すなわち、本書の書名は、さいしょの意図に反して実際には、著作家活動の完結ではなくて、審美的著作の完結を意味するものとなったのである。

実存的真理の探求

つぎに、書名の『非学問的』とは、なにを意味するのであるか。それは、この書が主題とするものが「生成」の真理であり、わけても、「自己が真の自己となる」ことを意味する、「自己生成」の真理であることを意味する。そして、このような「自己生成」をとり扱う論理は、あらゆることを一つの原理によって体系的に説明していく、当時流行のヘーゲル哲学の必然的論理ではなくて、自由の論理であり、学問的に説明しつくすことのできない背理的《パラドキスカル》な論理であることを意味している。

キルケゴールにとって、最高の究極的な真理は、キリスト教的な真理であった。「自己が真の自己と成る」とは、キルケゴールにおいては、「自己が真のキリスト者となる」ということと同義であった。真のキリスト者になるためには、「キリスト教とはなんであるか」を客観的に理解するだけでは足りない。むしろ、「いかにしてキリスト者となるか」を、自分じしんの生きかたに即して、主体的に問い、実際にキリスト者として生きることをめざさなければならない。『後書《あとがき》』は、このことを明らかにするために、神を理性の思弁によって説明することによってキリスト教を客観的真理の側に抽象化してしまう、ヘーゲルの思弁哲学と対決しながら、神を信仰の情熱《パトス》によって主体的にわがものとしていく途《みち》をつきすすむのである。

このような問題ととりくむことによってキルケゴールは、客観的・学問的な真理とはまったくちがった、主体的・実存的な真理を明らかにしていく。こうして『後書《あとがき》』は、実存の真理そのものを真正面からとりあげて解明した、実存哲学の書となった。

「実存」（Existence）とは、「本質」（Essence）に対比して使用される哲学用語であるが、これを根本的な哲学用語としてさいしょに使用したのは、キルケゴールであり、かれのこの『後書《あとがき》』であった。

「実存」という翻訳語は、もともと、現実の真実の存在という意味でつくられたものである。実存とは、まず第一に、現実の存在を意味する。現実の存在は、いつでも、どこでも、だれでもがそれでありうるような、普遍的な妥当性をもって通用する「本質」とはちがって、特定の限定された時・空において実存する具体的な存在である。「いま、ここに、こうして在る」ということが、現実の存在にとっての第一次的な特長である。

現実の存在にも、いろいろある。しかし、その特長である「いま、ここ」ということが、その在りようにとって決定的な意味をもつ存在は、生死《しょうじ》の世界に生き、しかもそれを意識している人間存在のみである。死を先どりし、自分が死ぬる存在であることを知っている人間にとっては、「いま、ここに、どう生きるか」ということが、決定的な意味をもってくる。「生きるべきか、死ぬべきか、それが問題だ」というハムレットの有名な独白《せりふ》が、実存的問いをみごとに表現したものであるといわれるのも、このためである。こうして実存とは、現実の人間存在を意味する概念である、ということになる。

普遍化することができず、他をもって代替することができない具体的な現実の人間存在は、この自分じしんである。そこからまた、実存は、この自分じしんを意味する概念となる。

自分じしんにも、いろいろな在りようがある。しかし、独自的な自分じしんとしての在りかたは、自分が「今、ここに、どう生きるか」、ということについて無限の関心をもち、自分が主体的に自らの「いま、ここ」の在りかたを決定していくような在りかたである、といってよいであろう。これが自己の真実の在りかたである。実存とは、このような真実の在りかたを、自分じしんの現実の生きかたをとおして実現していくような、自覚的存在としての自己のことであり、そのような自覚によって自分じしんをつくっていき、自分じしんと成っていく生きかたのことである。

自分がいま、ここで、どう生きるかによって、自分じしんの在りかたをみずから決定していくような存在は、自由な存在であるから、実存の本質は自由である。そしてこの自由は、現実の自己が、現実の自己に即してこれをのりこえ、既存の自己を超越して自由な自己と成っていくことである。実存的自由とは、自己が真の自己となっていく自己生成の決断のことである。

「実存」という哲学的概念は、おうむね、みぎのような意味で使用されているものであるが、「実存」にこのような意味をもたせたさいしょの人が、キルケゴールであった。キルケゴールは、『後書《あとがき》』の中で、プラトンのエロス《エロス》[1]（erôs）の概念を手がかりにして、「実存」をつぎのように規定している。

「愛とはこのばあい明らかに実存を、あるいは生命を全体として生かしているもの、無限なものと有限なものとの総合である生命を意味している。だからプラトンによれば、貧困と豊饒とがエロスを生んだの

1) 愛を意味するギリシア語で、プラトンの「饗宴篇」での主題とされたもの。もともとは、ギリシア神話の愛の神（キューピット）で、豊饒を象徴する神ポロスと貧困を象徴する女神ペニアの子で、欠乏を充足させようとする欲求をもって価値あるものにあこがれ、それに向かって向上しようと努力してやまない神である。プラトンでは、エロスは、感性的愛から始まって精神的な価値愛に高まり、ついには真実在のイデアの世界を憧れ求める愛知の哲学的衝動となる。

であって、エロスの本質は両者によって作られている。では実存とはなんであるか？　それは無限なものと有限なもの、永遠なものと時間的なものによって生み出され、それゆえにたえず努めてやまぬあの子どもなのである。」

このように定義される「実存」について哲学的に思考していくのが、『後書《あとがき》』の主題となる。ここでの実存と思考の関係については、桝田啓三郎氏の説明が要点をついておられるので、これを引用しておこう。

「時間のうちにありながら永遠なものに達しようと無限の努力をするところに、実存の本質がある。ところで人間は実存者であるとともに思惟（思考）する存在者である。みずから永遠である神は実存することも思惟することもない。しかるに人間は実存し、かつ思惟する。この実存と思惟とがはなれればなれになるとき、思惟するものがみずから実存者であることが忘れられてしまう。そこに思弁と呼ばれる抽象的な思惟がはじまる。しかし思惟するものがみずからの実存を忘れることなく、むしろ実存しながらその実存を思惟のうちに表現するとき、その思惟は実存的となる。」（岩波文庫『反復』の註、一九二頁から）

時間のうちにある現存するこの自己に即して永遠を表現しようとする、この自己生成の努力に思索を集中する「実存的思考」は、書名の副題にも示されているように、思弁的ではなくて『演技的・情熱的《パトス》』な性格のものとならざるをえないのである。

主体性が真理である

実存的思考においては、純粋の真理そのものはむしろ虚偽であって、純粋な真理へといかにして自己を高めるかという、自己生成の努力のみが真理である。ヘーゲル哲学で強調される純粋思考などというものは、神にとってのみ可能なのであって、実存する人間にとっては到達不可能なものである。自分が実存するものであることを忘れ、自分を絶対精神であると錯覚するものだけが、純粋思考を安易にふりまわすことができるのである。わたくしどもは実存する人間であることをつねに忘れずに、この実存する自己に即して、実存的に真理を問うのでなければならない。

実存的に真理を問う者は、「真理とはなんであるか（What）」と、客観的に、他人《ひと》ごとのように問うのではなくて、「実存するこの自分にとって真理はいかにあるのか（How）」と、主体的に、自分ごととして問うのである。人間にとっての真理は、このような実存的問いによってのみ、明らかにされるのである。

真理は、存在と思考の一致である、と定義することもできる。しかし、ここでの「存在」がなんであるかは、よく注意しておく必要がある。この「存在」が、ヘーゲルの論理学における「始元」[1]のように、抽象的な純粋存在であるばあいには、存在と思考は、たやすく一致する。なぜなら、純粋存在は、具体的な、実存する、現実の存在ではなく、これから抽象され、反省された、観念的な存在であり、思考された存在であ

1) ヘーゲルの論理学は、「それがある」と「それである」の二つに共通な「ある」に注目して、この「ある」の具体的な内容をすべて抽象した純粋の「ある」《ザイン》(Sein, Being)を、論理学をそこから出発させていく「始元の原理」であると考え、この抽象的で無内容な「ある」の自己展開として、論理の体系を説明していく。

る。こうした思考的存在と思考が一致するのは当然である。ここでの一致は、実際は、思考と思考の一致にすぎないのであって、存在と思考の一致などではなかったのである。

思考的存在ではなく実際に存在する実在と思考との一致こそが、問題なのである。ところで、実在する存在は、決して固定的に存在するものではなくて、つねに生成の途上にあるものである。したがって、存在と思考の一致としての真理もまた、つねに生成の過程にあるものである。

存在がつねに生成の過程にあるだけではなく、これを思考する自己もまた、一個の存在として、つねに生成の過程にあるものである。思考者を欠く思考など、ありうるはずがない。思考の対象である存在も、思考する主体である思考者も、ともに生成の過程にあるものであるとすれば、固定的な真理、必然的な真理などは、人間にとってはありえないことになる。こうして真理には、つねに不確実性がつきまとう。ましてや、生成をその本質とする歴史的世界の真理においては、なおさらのことである。わけても、もっとも生成的な歴史的事実である「神が人間となった」という啓示の真理は、人間の知性にとっては理解を絶した、まったくの背理である。

こうして実存する思考者にとっては、真理は確定した形で存在しているのではなく、まさに無から有へと生成してくるのである。真理のこの生成にたいして無限の関心をよせ、この生成を自分じしんの内面にひきつけて確保し、不確実性や背理性を直視してそれから目をそむけないことが、真理を正しく認識するための必須不可欠《ひっすふかけつ》な条件なのである。ここでは認識者は、生成する真理と合致しようとする自分の主体的な情熱以外の何ものにも、頼ることはできない。このような主体的情熱をもって認識対象とかかわること、このような形で主体性を思考の中でつらぬきとおすことが、真理をとらえるための真実の在りかたであるといわねばならぬ。そこで、こうなる。

主体性が真理である。主体性とは、真理を主体的に問い、真理と主体的にかかわることに、無限の関心をもちつづけるということである。思考の中で主体的な態度を堅持するこのような実存的思考者においてのみ、真理がまさしく真理として確保される。それゆえにキルケゴールは、つぎのようにもいうことができたのである。

「もし客観的なしかたで真理が問われるならば、ここでは真理は、認識者が関係している対象として、客観的に反省されるのである。そこでは反省は、認識する者と認識される対象との間の関係そのものへと向けられているのではなくて、かれが関係しているものが真理であるかどうか、ということに向けられている。かれが関係しているところの対象が真なるものでありさえすれば、主体は真理の内にあるものとみなされる。これに反して、真理が主体的に問われるばあいには、反省は、その対象にたいして思考する個人が、どのようにかかわるかという、関係の性質へと向けられる。この関係のしかたさえ真理の内にあるならば、個人は、たとえ客観的には真理でないもの（虚偽）に関係しているときですらも、真理の内にあるのである。……例として神の認識をとってみよう。客観的には、人びとが考えるのが真の神であるかどうかが反省される。しかし、このようなしかたで生きた神をとらえることはできない。これに反して、主体的には、個人が神にかかわる関係のしかたがほんとうに神的・絶対的な関係になっているかどうかが、もっぱら反省されるのである。個人がこのような神的関係を思考の中でつらぬいているばあいにのみ、生きた神をとらえることもできるのである。」

倫理と世界史

主体的に真理を問う者は、なにが真理であるかではなくて、どのように生きることが真理であるかと問うのである。自分の生にたいして注ぐこのような真剣さや誠実さこそが、真理の第一歩なのである。なぜ、このように問わなければならないのか。それは、わたくしどもが実存であり、実存者としてのみ思考することができる存在だからである。

実存者にとっては、実存するということが最高の関心（Interest）であり、そして、実存することに関心をもつことが、かれにとっての現実なのである。現実がなんであるかは、抽象的思考の言語では表現できない。現実とは、抽象的思考がとらえる「思考と存在の仮定的な統一」の「中間に在るもの」（inter=esse）[1]である。抽象的思考は、現実性を可能性に変容させることなしには、これをとらえることはできない。抽象的思考は、可能性をとらえることはできるが、現実性そのものをとらえることは、決してできない。実存するものとして自分じしんの現在の生きかたに関心をもち、この関心とのかかわりの中で思考していく実存的

1）ラテン語で「中間に《インテル》＝在るもの《エッセ》」を意味する語である。関心を意味する英語インタレストの語源となったもの。中間存在としての人間にとっては、思考と存在、無限と有限、永遠と時間の統一は現存せず、みずからの行為によって実現すべき将来の課題として仮定されている可能性にすぎない。そこから、この統一を実現しようとする自覚的な生きかた（実存）に関心をもたざるをえないという事態がおこってくるのである。

思考のみが、真の現実をとらえることができるのである。

このように真理を問い、現実を思考のなかで確保しようとすることは、倫理的に問い、倫理的に生きようとすることである。倫理の要求を実存者に提起するということである。倫理の要求は、実存から目をそらせよということではなくて、実存せよということであり、実存することに無限の関心をもて、ということである。実存者にとって存在するただひとつの現実は、真の自己自身となることであり、この自己生成の課題をみずからの責めとしてひきうけようとする、倫理的現実なのである。

これに反して、ヘーゲル流の客観的思想家たちは、実存への関心からぬけ出して抽象的思考のとりことなり、現実性を可能性の世界に解消してしまう。そして悪いことには、それで現実をとらえたつもりでいる。観念の中だけで現実をとり扱って、現実の倫理的課題を解決したつもりでいる。こうして、ひとりひとりが自分の行為をとおしてまじめに実践すべき倫理を、無責任な傍観者の立場での勝手な解釈に解消してしまう。

そのよい例が、ヘーゲルの倫理体系である。そこでは、倫理は、世界史の理論に還元されてしまっている。世界史の観察者が最高の倫理家である、という奇怪な結論がひき出されてくる。世界史の観察者となってその必然的な理法をとらえることが、なにをなすべきかという倫理的な問いにたいする倫理的解答である、といわれている。

しかし、生成した歴史の世界にたいする傍観的観察は、決して正しい歴史理解を保障しない。真の倫理家はむしろ、かれらが展開する体系的な歴史解釈を疑い深い目でながめる。みずから生成の主体、歴史の主体として生きようと決意する倫理家のみが、世界史を正しく理解することもできるのである。世界史の観察、それから倫理という順序ではなく、まず第一に倫理、すなわちみずからが主体的となることであり、その後に世界史という順序こそが、正しい人生秩序なのである。

ヘーゲルは、「世界史は世界審判である」といった。おそらく神にとってはそうであろう。しかし、生成の過程にある実存者にとっては、世界審判としての世界史を、一つの完結した体系のように描くことは許されていない。みずからが実存者であることを忘れ、努力の過程にあることを忘れて、神のような完成した存在であると思いこむような非倫理的な人間だけが、世界審判としての世界史などというたわごとを、口にすることができるのである。

倫理的主体性から宗教的主体性（宗教性A）へ

倫理を世界史の観察から救い出し、自己じしんの内面にとりもどすことがたいせつである。外的世界への知的関心は、気晴らしではあっても倫理ではない。実存する自己じしんにたいして無限の関心をもち、自己じしんになることをめざして真剣に生きようとする生きかたこそが真実の生である、と考えるところに、倫理の世界がひらかれるのである。

自己を外的世界への拡散から転換させて、自己が限りなく自己じしんの内面へと集中していく、この自己内面化のプロセスは、知性の論理ではなく情意《パトス》の行為によってのみ、正しく表現することのできるものである。

ところで、この倫理的な自己生成の内面過程で、わたくしどもに課せられる最高の課題は、相対的な自己をのりこえて絶対的な自己を実現するということである。世間の人たちと共通な平均的な生ではなくて、自分だけの独自な生、それを失えば自分がもはや自分でなくなるような個性的生を実現する、ということである。そのためには、世間的・相対的な目的とかかわることをとおして、超世間的・絶対的な目的とのかかわりを表現していかなければならない。「皮肉《アイロニー》」は、このような生きかたの表現形式なのである。

絶対的な目的は、普遍的知性によってはとらえることができない。この自己にとって絶対のもの、対比する共通の地盤や尺度をもたないたった一つのもの、このような「対を絶するもの」が絶対というものである。このような絶対的目的は、それじしんが現に絶対であるようなもの、すなわち、絶対者である神のみが呈示できるものである。

こうして自己生成の倫理は、絶対者との神関係が問題となる宗教の世界に歩み入ることになる。ここでの課題は、絶対的目的と相対的な目的との混同をかたくいましめて、「絶対的目的に対しては絶対的にかかわり、そして同時に、相対的目的に対しては相対的にかかわる」、ということである。

この課題をみずからのものとしてひきうけることは、人間としての自己にとって、きびしい自己否定を要求してくる。相対的目的の追求を断念することは、無限の苦悩をともなう。この苦悩に耐えながら、絶対者との絶対的な関係をみずからの内面に確保していくことが、宗教的生の課題なのである。

ところが、この課題にたいして真剣にかかわり、この課題を正しく果たそうとすればするほど、自己は、それを果たすことができないという苦悩のパトスにひたされていく。ここでは、自己は、「負い目」の意識を深めていくだけである。「負い目」とは、果たすべき課題をまだ果たしていないという、責任不履行の自覚のことである。ここまでの段階をキルケゴールは、「宗教性A」と名づけて、「宗教性A」の段階を表現するパトスは苦悩と負い目である、といっている。

主体性が虚偽である
（宗教性Bの段階）

宗教性Aの段階で苦悩の人生を体験することをとおして、自己の内には負い目を果たす条件がないことを自覚するとき、負い目の意識は罪の意識へと深化される。ここから、キルケゴールが「宗教性B」と名づけた、真の宗教的人生がはじまっていくこととなる。

実存する人間にとっては、真理は、そとに求むべきものではなくて、自己の内面に求めるべきものであり、自己のうちにおいて、永遠なもの、絶対的なものとかかわるべきものである、というのが、これまでの自己生成の過程であった。これらはすべて、「主体性が真理である」という確信の上に動いていた。しかしいまや、自己は、自己の内面には絶対者が内在していないことを、発見するにいたった。ここで、「主体性が真理である」という命題は、「主体性は虚偽である」という命題に、とって代わられることとなる。

このばあい、「虚偽」とは「罪」を意味する。人間が絶対者という真理のそとに堕《お》ちたことを意味する。絶対者は、自己の内にではなく、自己を超越した、自己のそとに求めていかなければならないこととなる。

超越宗教としてのキリスト教こそが、真の宗教的人生を可能にするのである。

宗教性Bにおいては、絶対者は、主体性の内面における理念《イデー》としてではなくて、時間の中に生成した歴史的事実として啓示される。ここでの絶対者は、それじしんが一個の歴史的存在、一個の実存する意志的存在、一個の人格として人間主体のそとにある神、イエスとして啓示されているのである。時間の内なる永遠、人間の姿をとった無限者として、みずからを啓《ひら》き示すこのイエスを、神として信じ、この神によってみずからの生活を根拠づけるのが、信仰のパトスである。そして、この信仰のパトスによって神人イエスと同時代的に生きるとき、虚偽なる罪の自己は、その罪のままでまるごと赦《ゆる》され、救済されて、絶対の自由、永遠の福祉によみがえることができるのである。

しかし、この宗教性Bは、知性によってはどうしても理解することができない、二重の逆説《パラドックス》の上になりたっている。第一の逆説は、「その本性においい

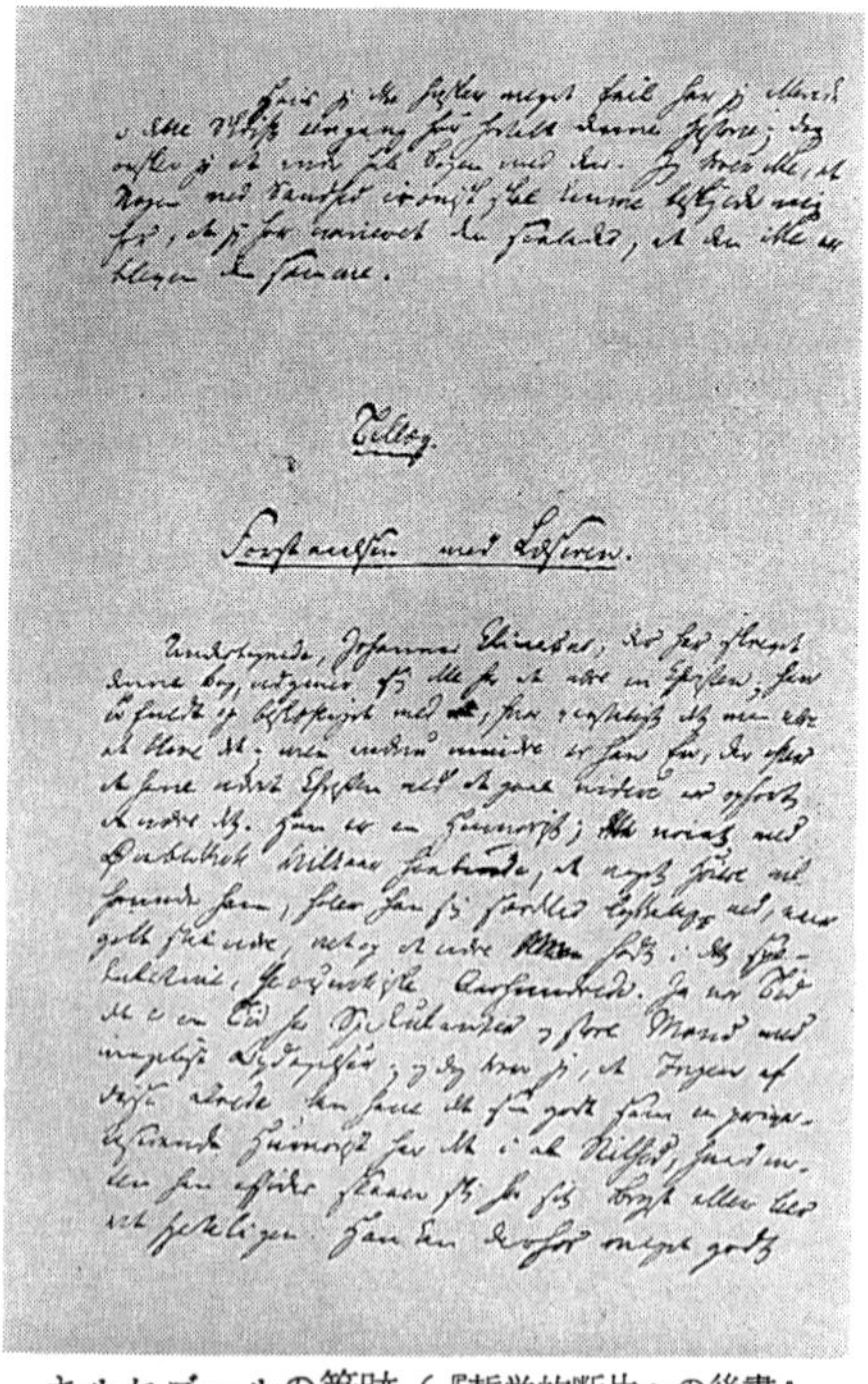

キルケゴールの筆跡（『哲学的断片への後書』の原稿から）

て永遠なる神が、まさにその本性とは反対なものである時間のうちに顕《あらわ》れた」、ということである。第二の逆説は、「その本性において時間的な人間が、この神の愛を信ずることによって、まさにその本性と反対な永遠なるものとなり得る」、ということである。

このような二重の逆説を、知性はどうしても理解することができない。知性は、これが真理であることを証明することはできない。ここにあるのは、確実な真理ではなくて、不確実きわまることである。このような、論理を越え、言説を越えた逆説を前にして、知性は挫折し、沈黙し、躓《つまず》く[1]。しかし、ここにある躓きの可能性をのりこえて、この矛盾した逆説的事態を絶対の真理として信じとることこそが、信仰の情熱《パトス》なのである。

信仰のパトスにとっては、確実だから信ずるのではなく、むしろ、それが不確実だからこそ信ずるのである。論理的な確実性は、人間の知性と同質なもの、虚偽なる人間本性と等価なものにおいてのみ成立する、相対的な真理のしるしである。(等しいものが等しいものを理解する)。これに反して、信仰が確保する逆説は、最高の真理、絶対の真理のしるしである。最高の真理、絶対の真理は、もはや、これを説明するいかなる他の原理ももたないものであるからこそ、最高であり、絶対なのである。

1) 「躓き」(offense)には、「憤懣《ふんまん》」「不快」「立腹」「攻撃」の意味と「つまずく」の意味との、両方が含まれている。人間の知性は、理解することのできない神人の背理に「憤懣」を覚えてこれにつまずくのである。すなわち「躓き」とは、神を求めながらも神にいたることができずに、むしろ神から意識的に離反し、積極的にこれに叛逆していく者の姿を表わす宗教的用語である。

宗教性Bの表現様式

このような逆説を信ずる者の生は、現実にたいしてはユーモラスな表現をとる。皮肉家《イロニカー》が自己以外のものの虚偽をスパイし摘発しながら、自己の内側に真理があると確信しているのにたいして、諧謔家《ユーモリスト》は、自己の内にもそとにも真理はなくて、ただ神の側にのみ真理があることを知る最高の智慧をもって、自由自在にこの人生を生きることができる。

読者はここで、キルケゴールから影響をうけた実存的作家である椎名麟三の後期の諸作品が、『愛のユーモア』の文学的表現であるといわれる意味を、理解されるであろう。そこには、ほのぼのとした自由と希望の雰囲気《ふんいき》がかもし出されている。これに反して、同じくすぐれた実存的作家であった太宰治の諸作品は、皮肉家にとどまってしまった悲劇性と悲愴感《ひそうかん》をただよわせていて、いたいたしい読後感を残すことに気づかれるであろう。二人のこのちがいは、そこで表現を求めている思想が、宗教性BであるかAであるか、というちがいに基づくものである、といってよいであろう。

しかし、ユーモアそのものはまだ、真の宗教的内面性ではない。宗教性AとBの境界線に位置して、人間の主体性が虚偽であり、罪にひたされていることに気付いてはいるが、そこから信仰に飛躍することをためらって、再び罪の中へと後退してしまう可能性をはらんでいるのが、ユーモアであるとされている。

アイロニストが本質的には自己主張家であるのにたいして、ユーモリストの本質は同情家であるところにある、といわれる。しかしこの同情が、信仰以前の同罪意識にもとづくものであるのか、信仰による愛の表現なのであるかは、そとからの観察によっては判別することができない。ユーモアが信仰者の忍びの衣裳であるばあいにのみ、それは「愛のユーモア」となる。ユーモアを忍びの衣裳として身にまとって、自己の内面に信仰の真実を確保することによって、絶対的真理と相対的真理の混同から身を守る、「隠《かく》れた内面性」こそが、真の宗教的心情であるといわれている。

信仰の直接的な表現は、信仰誇《ぼこ》りとなって、信仰以前の自己よりもよりいっそう勢威《ポテンツ》の高い、自我肯定となってしまうであろう。これを防止するためには、宗教家はユーモアの衣裳を身にまとわねばならぬ。しかし、この世の虚偽が「隠れた内面性」を犯そうとするばあいには、信仰者は決然として立ちあがってみずからの信仰を直接的に主張するという形で、反撃に移らなければならないであろう。こうしてキルケゴールは、コルサール事件を転機として、しだいに「顕《あらわ》れた内面性」の立場に移っていく。改革者、実践者としてのキルケゴールへと変貌《へんぼう》をとげていく。

この立場から大衆社会の虚偽を指摘するために書かれたのが、『現代の批判』であり、キリスト教界の虚偽を指摘するために書かれたものが、『死に至る病』と『キリスト教の修練』であった。『後書』以降に書かれたこれらの著書をキルケゴールは、『わが著作活動の視点について』の中で、「宗教的著作」と名づけている。そこでつぎには、これらの宗教的著作をみてみよう。

宗教的著作の思想について

現代の精神状況を摘発する『現代の批判』

時代批判のための『文学評論』　『現代の批判』は、もともとは、キルケゴールが一八四六年三月に実名で出版した、『文学評論』の第三章の後半「現代」の部分に相当するものであった。この部分だけを、ドイツのテオドル＝ヘッカーが翻訳し、『現代の批判』の標題をつけて一九二二年に出版してから、これだけが独立して出版されるようになり、各国語に訳されて、いままで多くの読者を得てきたものである。

『文学評論』は、一八四五年にハイベルクが刊行した小説『二つの時代』（実作者はハイベルクの母）についての評論という形で書かれた、キルケゴールの時代批判の書である。批判の対象となった小説は、第一部がフランス革命の時代を舞台として展開される「革命時代」であり、第二部は一八四〇年代を舞台にして展開されるその続編で、「現代」と題されている。そこでキルケゴールは、革命時代と対比して現代の病弊を理念的に批判するために、この批評論文を書いたのである。したがって、本書第三章の後半であるこの「現代」の部分に力点がおかれていて、分量的にも全体の半分に近い頁数がこの部分にさかれている。

コルサール事件でキルケゴールは、大衆社会、とくにそこでのマスコミがもたらす害悪を、身をもって体験した。こうしてかれは、現実社会の暴力に対決してこれまでの内面的な思索態度や表現様式を再検討する必要に迫られた。そのさいしょのしごととして、小説批評の形をとった時代批判の書であるこの本が書かれたのである。

この本は、いまから百年以上も前に書かれたものであるが、とてもそうとは思われないほど、現在のわたくしどもが生きている社会状況に共通するものをもっている。理念的洞察の天才であったキルケゴールは、百年も前にもう、現代の病弊を鋭く見抜いていたのである。

情熱なき反省の水平化運動

本書は、つぎのような書き出しではじまる。「現代は本質的に分別の時代、反省の時代、情熱のない時代で、たまに感激にわきかえることがあっても、如才《じょさい》なく、すぐにまた冷淡にとりすましてしまう。」

革命の時代は、情熱の時代であった。情熱はときに誤りを犯すとしても、情熱なしにはなにものも生み出されはしないのである。ところが現代は、情熱を失った反省過剰の時代である。現代人は、分別がありすぎ、利口すぎて、その結果、だれも責任を問われるような行為を実行しようとはしない。みな、無責任な傍観者の立場にとどまっている。

「このように、現代は本質的に分別のある時代で、おそらくは過去のいかなる世代にもまして一般的知識水準の高い時代であるが、しかし情熱のない時代である。だれもが、多くのことを知っている。どの道を歩むべきかということも、歩むにはどれだけの数の道があるかということも、われわれはみな知っている。しかし、だれひとりとして実際に歩もうとする者はいない。……こういう話がある。かつて、二人のイギリスの貴族が馬に乗って進んでいた。すると、かれらはひとりのひどいめにあっている騎士に出あった。かれは、飛びあがりながら暴走する馬の上で、いまにも振り落とされそうになって、助けを求める叫び声をあげていたのだ。貴族のひとりはもうひとりのほうに流し目をくれて、言ったものだ。『百ギニ賭《か》けた、あの男は落ちる』と。『よかろう』と相手が応じた。そこでかれは乗馬に拍車をあてて、賭けた金の帰趨《きすう》を見さだめるために、またそのためのいっさいのじゃまを払いのけるために、前進していった、というのである。こうして、現代の分別ぶりは、……これを一個の人物に人格化してみるならば、物ずきで、批評的で、世才にたけて、情熱といえば賭《かけ》をする情熱をもっているのがせいいっぱいといった人物になるだろう。」（白水社刊『キルケゴール著作集』第一一巻の

キルケゴールが使った机

飯島宗享氏訳より）

具体的な人間が自分の責任で主体的に行為するということがなければ、抽象的な無名人がのさばるということになる。だれでもない幻のような「大衆」がいっさいを支配して、具体的な個人の息の根をとめてしまう。自分ではなにひとつ責任を負おうとせず、つねに大衆や世論の名のもとに個人の主体性をおしころしてしまう代表者が、ジャーナリズムというものである。このジャーナリズムに毒されて、個性を失った、頭でっかちの平均的教養人が大量発生してくる。

「ドイツには恋する人のためのハンド・ブックさえある。このぶんだときっと、おしまいには、恋し合った二人が腰をおろしてたがいに語り合うのも無名的になされうるようになることだろう。いまや万事につけて、ひとはハンド・ブックをもっており、この種のハンド・ブックの記事を大なり小なり暗記してマスターしさえすれば、たちまちそこに一般的な意味での『教養』がなり立つのであって、ひとは、いまや植字工が活字を拾いあげるように、それぞれの能力に応じて、ハンド・ブックの記事のいちいちを拾いあげることにすぐれた手腕を見せるようになっている。」（同前）

こうして具体的個人が消えうせると、マスコミが、大衆の世論という逃げ口上にかくれ、「普遍的教養」とか「人間平等」とかいう名目のもとに、「水平化」の運動をおしすすめる。水平化の運動は、優秀な者を引きずりおろして人間を平均化し、人間をただ数量的に評価されるだけのものに低俗化してしまう。こうして「個人性」のもつ質的な意義をぬきとられてしまって、人間の量的な集合を意味するにすぎない「社会性」

の観念が流行し、ひとびとは、内容の空虚なこの流行理念にとびついて熱狂する。しかし、ひとりひとりが人格的な個人として人格的に交わるという、肝心なことが無視されてしまう。

「こういうわけで『社会性』の理念、『共同体』の理念が時代の救済になるなどとはおよそとんでもない話で、むしろその反対に、それは『個人性』の発展がただしく行なわれえんがために登場せざるをえない否定的契機《スケプシス》なのであって、これに出あうことによって各個人が身をほろぼすか、その抽象性に鍛えられて宗教的に自分自身を獲得するか、どちらかになるところのものである。『連合《アッシェーション》』の原理（これは、せいぜい、物質的利害関係に関してその妥当性をもちうるものである）が、われわれの時代にあっては肯定的でなくて否定的で、いわばひとつの逃亡であり、うさばらしであり、錯覚であって、それの弁証法は次のようになる——すなわち、『連合』の原理は個々人を強めることによって弱める。つまり、それは集合による数的なものによって強めるが、ほかならぬそのことが倫理的には弱体化することなのである。単独の個人が全世界をも物ともせぬ確固たる倫理的態度を自分自身のうちで獲得したとき、そのときはじめてひとが『真に一体になる』ということが言えるのであって、さもなくて、自分自身においては弱い存在でしかない人々が団結して一体になるのは、子供と子供が結婚するのと同様、なにか醜くて、かつ有害なものである。」（同前）

実存的反省をこそ

こうはいっても、もちろん、反省そのものが悪いというのではない。直接的な情熱よりもより以上に高い意味をもつ、倫理や、信仰の情熱をわがものとするためには、反省の能力が要求されるからである。

しかし、反省が意義をもつのは、それが実際の行動にうつされ、決断の条件をととのえるばあいにである。しかし、「反省のなかにはまりこんでいること、また反省のなかに静止していること」は、行動するための諸前提を行動しないための逃げ口上に変えてしまうことによって、人格を腐敗させてしまう。まず情熱、それから反省、そしてより高い情熱へ、でなければならぬ。抽象的反省ではなくて実存的反省とは、このようなものであったはずである。

「たえず想起されねばならぬことは、反省そのものが有害なものであるのでもなければ、反省そのもののなかに有害なものがあるのでもなく、その反対に、反省の徹底的作業は、よりいっそう内包的に行動するための必要条件だということである。感激による行動の関係は、次のようになっているからだ。すなわち、最初にくるのが『直接的な感激』である。それにつづいてくるのが『知恵の時期』で、これは、直接的な感激がなにも計算しないものだから、計算に堪能《たんのう》であることによって、より高級なものであるとの観をていする。そのあと最後に出てくるのが、最高のものであり、『最も内包的な感激』であって、これは知恵のあとからくるもので、それゆえなにが『最も知恵あること』であるかを見ぬいており、しかしその最も知恵あることをなすのをいやしみ、そしてまさにそのことによって無限性の感激のうちで内包性を獲

得するものなのである。」（同前）
ここに語られている「もっとも内包的な感激」ということばの意味が、信仰の情熱のことであることは、すでに明らかであろう。わたくしどもはこれを、「傍観者にとどまらないで、主体的な行為の当事者となることを決断すること」、といいなおしてもよいであろう。反省の時代を再び革命の時代へと転化するためにこそ、反省が必要とされている、というのが、キルケゴールの時代批判の真意であったのである。もっとも、社会革命の前提として、ひとりひとりの魂の革命をこそ、とうったえるのが、キルケゴールのばあいであったのであるが。

『現代の批判』がもつ現代的意義

近代思想を理論的に集大成したヘーゲルが一八三一年に死んでから、かれの思弁的な観念論は、二つのがわからのきびしい批判をこうむることになった。その一つは、いうまでもなく、マルクスによってなされたのであるが、もう一つはこのキルケゴールによってなされた。こうして、現代を代表する二大思潮であるマルクス主義と実存主義が誕生したのである。
マルクスのヘーゲル批判は、かれの理性主義をうけつぎながら、その観念論を、客観的実在の理論（唯物論 Materialism）に変革する肯定的《ポジチブ》な現実主義《リアリズム》の立場から行なわれた。これにたいしてキルケゴールのヘーゲル批判は、かれの精神主義をうけつぎながら、その観念論を、主体的実存の理論（実存主義 Existen-

tialism)に変革する、否定的《ネガチブ》な現実主義《リアリズム》の立場から行なわれた。そして両者とも、現代の人間疎外[1]を克服しようという意図をもって、新しい思想の可能性をひらいたのであった。その方向は客観と主観、そとと内とに分かれているが、人間がそとと内との統一として生きるものであるかぎり、次元はちがっていても、ともに、欠くことのできない人間の条件を明らかにしたものであるといわなければなるまい。

　したがって、マルクス主義によって、実存主義が明らかにしようとする人格の霊的内面性の真理を否定しようとしたり、逆に、実存主義を反共イデオロギーとして使用して、マルクス主義が明らかにしようとする人間の客観的生活条件の真理を無視しようとすることは、ともに、創始者の真意から遠ざかったものといわなければならない。

　ところで、この二人が、ほとんど同じ時期に、それぞれの立場から画期的な時代批判の書を刊行したことは、注目してよい。キルケゴールの『現代の批判』が出されたのが一八四六年で、マルクスの『共産党宣言』が公にされたのは一八四八年であった。前者はキリスト教文化世界にたいする変革宣言であり、後者は資本主義社会にたいする闘争宣言である。こうして、現代はもはや、近代のたんなる延長ではないことが自覚化されたのである。思想史を一八四〇年代で区切って、ここから現代思想の展開を見ていく試みがなされるのも、このためである。

『現代の批判』がもっている現代的な意義も、みぎのような見方に立ってはじめて明らかにすることができ

1) 「疎外」(Alienation)とは、ヘーゲル哲学の重要概念の一つであって、人間がみずからの主体性（自由）を実証するためにつくりだしたものによって、かえって逆にその主体性（自由）を奪いとられてしまうという意味で慣用される語である。

る。すなわちそれは、飯島宗享氏のつぎのような解説によってつくされている、といってよいであろう。

「多くの実存哲学的ないし実存主義的時代批判の原型がここにはある。しかし、キルケゴールが具体的個人の主体的現実性を強調して『単独者』の範疇《はんちゅう》[1]に『実存』を立てるとき、かれが『社会性』の範疇をむげにしりぞけているのではないことに、注意する必要がある。かれが峻拒《しゅんきょ》するのは、内面性の裏づけのない社会性、いいかえれば単なる人間の集合にすぎない社会性である。そのおのおのが単独者である人々の連帯を意味する社会性は、彼が拒まないどころか、むしろおのおの単独者がそれに参与《アンガージュ》[2]してこそ真に単独者であるようなことなのである。ただ、社会性の名のもとで人間の単独者としての人格性がその根源的意味において無視される時代の風潮のなかで、『単独者の範疇』の旗手であることにかれはみずからの使命を見いだし、時流に抗して一人のソクラテスたらんとしたのであった。そして現在も、単独者の連帯こそがわれわれの課題であることに変わりはないだろう。」(同前三〇二～三頁)

それでは、この「単独者どうしの連帯」とは、どういうものなのか。このことを明らかにするのが、つぎの『愛のわざ』である。

1) 範疇(category)とは、もっとも根本的・一般的な思想上の基本概念のことであって、「原理」と同義に使用されるばあいも多い。

2) アンガージュとは、サルトルの哲学の重要用語の一つで、自己をあるものに結びつける、あることに主体的に参加する、責任を負う、という意味でつかわれる。原語はフランス語 engager である。

読者との愛の対話をめざす『愛のわざ』

実存主義的神学のさきがけ

『愛のわざ』は、『文学評論』と同じように実名で、一八四七年九月に刊行された。これは、キルケゴールが理解するキリスト教の真理を、直接に読者にうったえよびかける親しみやすいスタイルで、説明しようとしたものである。ここには、弁証家キルケゴールの天分が縦横に発揮されていて、同じ年の三月に刊行された『野の百合、空の鳥』と並んで、かれの宗教的著作中の傑作といわれるものである。かれが実名で刊行した他の多くの『キリスト教講話』の代表として、本書の内容の一端をここで紹介しておくことにしよう。

本書は、新約聖書の中の重要な聖句を引用して、その意味をかれの実存的な体験をこめて解明していく、という形で展開されていく。その意味で本書は、現代キリスト教神学上の重要な立場として注目されている、ルドルフ＝ブルトマンなどの実存主義的神学[1)]のさきがけをなしたものとしても、不朽の意義をもつものであるといってよい。

しかしもちろん、本書は、たんなる神学書ではない。ここには、キルケゴールの詩人としての、また、弁

1）現代神学上の代表的な立場の一つで、人間生存の体験の事実を根拠にし、それに引きつけて聖書の意味を解読していこうとするものである。

証法思想家としての独創的な宗教理解が示されており、レギーネとの恋愛体験が宗教的な愛にまで美しく昇華されていて、読者を、ぐんぐんと、愛のもつきびしさや深さにさそいこんでいく魅力をたたえている。かれがその「序文」でものべているように、ここで論じられるのは、「愛」についての理論ではなくて、『愛のわざ』であり、愛のはたらきなのである。

ここで主題とされる「愛」は、いうまでもなくキリスト教的な愛《アガペー》であって、異教的・ギリシア的な愛《エロス》ではない。エロスは、たとえそれがどんなに高尚なものであるにしても、究極においては、欲求的な存在としての人間の愛であって、自己追求的な愛であり、自らが価値あるものと認めたものにのみ向かう差別愛であり、したがってまた、欲求充足に役立つもののみを価値あるものとする、償いを求める愛にとどまるほかはないものである。これに反してアガペーは、自分をささげる無私の神的愛であり、自分を求めるすべての人に平等に注がれる愛であり、対象の価値には依存しないもっとも自由な、無償の愛である。そして、このような神的愛によって媒介され、根拠づけられることによってのみ、人間的愛も、愛としての完成と永遠性を保障されるのである。本書をとおして読者は、みぎのような愛の本質を、感動的に理解することができよう。

愛の義務

キルケゴールは、愛の誡命《いましめ》として示されたイエスのコトバ「自分を愛するようにあなたの隣人を愛せよ」（マタイ伝二二の三九）をとりあげ、これに深く注目する。

まず、愛が、「愛せよ」という義務的性格をもって示されるのはなぜであるか、が問われる。これは、こ

愛の問題を深く反省する機縁となった「後年のレギーネ」

の愛が、自然的な愛、人間的な愛ではなくて、神的な愛、神を媒介としてたてるべき愛だからである。これによって愛は、永遠の・自由な愛となる。

この義務のもとで自然的な愛は、その自然性を義務によって拘束される。しかし、この義務は、神によって課された義務であり、人間を永遠に独立なものとして解放する神の愛によって課されたものであるから、この義務に拘束されることによって愛は、不自由ではなくて絶対の自由を恵まれるのである。

つぎに、「隣り人」という表現が注視される。隣人とはだれのことであるか。隣人とは特定の人のことではない。どの人でもなくて、同時にすべての人でもある。神を前にしては、すべての人は、みな平等に愛すべき隣人となる。こうして隣人愛とは、対象を差別しない愛、対象に支配されない愛のこととなる。しかしここで人間は、特定の・自分が選んだ対象への愛に執着する自愛や偏愛を、根本的に否定することが要求される。愛が義務として示されるほんとうの理由は、これである。自己を否定してすべての人に自己を捧げるのが、愛の義務なのである。

絶対的な自己否定というこの要求を、「自分を愛するように」と表現するところに、キリスト教の偉大さがある。自分を深く愛するものであってこそ、この愛する自己を否定するということが、絶対的な自己否定の意味をもつのである。また、自分を愛するように隣人を愛せよと要求することによって、この愛の義務は、自愛と偏愛を根こそぎに取り払ってしまう。こうして神の前で自己否定を徹底した者は、神との再結[1]を実現して、神から永遠の自己を恵み与えられ、真実の自己を受けとりなおすことができる。これこそが、実は、自分をもっとも深く愛することなのである。

　神を媒介とする愛が営むこのような自己否定の運動は、それによって、愛する対象に奴隷的に屈従することを、決して意味しない。また逆に、相手を自分のものにし、自分に従属させることを、決して意味しない。相互に神を媒介にして自己否定を完成し、自由な人格として対面することをこそ、意味する。そのためには、相手を甘やかしてその我執《がしゅう》を増長させてはならない。むしろ愛するからこそ、甘える相手をきびしくつき離して、相手に自己の実存を自覚させ、こうすることによって、自由な人格としての他者を、受けとりなおすべきなのである。そして、単独者どうしの人格的なコミュニケイションとしての真の「社会」は、このような「愛のわざ」によってのみ、成立することができるのである。

1)　「宗教」と訳される Religion は、もともと、その語源であるラテン語の religio(re－＋ligare)の意味がそうであるように、「再結」を意味する。すなわちレリジョンとは、神に叛《そむ》き去った人間が、神の愛によってその離叛の罪を赦《ゆる》され、仲保者イエスの贖罪を媒介として再び神へと結びあわされることを意味する、キリスト教的概念なのである。

人格の病としての絶望こそが『死に至る病』

出版の事情と本書のテーマ　キルケゴールのキリスト教的実存思想が、もっとも円熟した形で示されているのが、『死に至る病』である。この本は、一八四九年六月に、アンティ＝クリマクス（Anti=Climacus）著、キルケゴール刊という体裁で出版された。

もともと本書は、草稿では、実名による講話の形で書かれていたものであるが、その内容が、当時のデンマークで国家そのものとほとんど同一の権威をもっていた、国教会を批判する趣旨を含んでいたところから、キルケゴールは、その出版を長い間ためらっていた。しかし、ついに出版を決意したかれは、もっぱら国教会批判を主題とする第二部をきりはなして、草稿の第一部に当たる部分だけを匿名著作の刊行者という形で出版した。これが『死に至る病』である。『死に至る病』の後半部分として書かれた第二部も、一年余も出版をちゅうちょしたあげく、翌一八五〇年九月、同じ形式で、『キリスト教の修練』と題して出版された。

こういうわけで、『死に至る病』と『キリスト教の修練』とは、本来、一体のもので、前者はキリスト教信仰の前提としての罪の自覚を、後者はその救済を主題とするものである。そして両者とも、著者としてアソティ＝クリマクスという匿名が使用されている。

キルケゴールのキリスト教理解がどういうものであったかを知るためには、この二つの本を併読する必要があるが、現代人の精神の病として普遍化している「絶望」の原因とその克服について学ぶためには、『死に至る病』は欠くことのできない絶望のバイブルである。この本が、キリスト者であるかどうかをはなれて広く読まれ、かれの著作の中でもっとも多くの読者を獲得した理由も、そこにある。

キルケゴールはここで、すでに絶望を克服した境地から絶望を見おろし、人間がおちいる絶望の諸現象について、実に綿密な精神地図を描いてみせてくれている。その鋭い分析は、絶望をたのしむペシミスト（厭《えん》世家《せいか》）の立場からなされるものではないので、絶望についての指摘が同時にそののりこえの方向を教え示すこととなっていて、わたくしどもに大きな希望と自信を恵んでくれる。しかもかれは、「特定の人が絶望しているのではなくて、神を離れた人生の本質はすべて絶望である」、という立場から絶望の諸現象・諸段階を分析しているので、本書はまた、すぐれた人間論ともなっている。本書をとおしてわたくしどもは、人間としての正しい、健康な生きかたを学びとることができ、自己とはなにか、いかにして本来の自己をとりもどし、本来の自己となるか、を深く教えられるのである。

匿名が暗示している絶望分析の立場

キルケゴールが『死に至る病』と『キリスト教の修練』で使用している匿名、アンティ＝クリマクス（Anti＝Climacus）は、かれじしんもいっているように、『断片』

と『後書』の著者として使用された匿名、ヨハンネス＝クリマクス（Johannes=Climacus）に対比して採用されたものである。かれによれば、両者は、「いかにしてキリスト者となるか」を共通の根本テーマとするものであるが、後者はそれを哲学的理論によって探求するのにたいして、前者はそれを信仰の行為をもって実際に生きるものである。

『後書』のさいごの「付録」の部分でキルケゴールは、ヨハンネスに、「わたくしは、キリスト教の真理が何であり、キリスト者はどう生きなければならないのかを、理論としては理解しているが、まだそれを生きるところまではいっていない」、と告白させている。

クリマクスの語源であるギリシア語 klimax は、もともと「梯子《はしご》」という意味であり、ラテン語 Climax は、「絶頂」・「最高潮」を意味する。匿名ヨハンネスは、『あれか―これか』のなかの『誘惑者の日記』の筆者であり、『人生行路の諸段階』に登場する享楽の人である。そのヨハンネスが、享楽の立場から出発して真の自己へと深まっていくところに、『おそれとおののき』の著者とされた「沈黙のヨハンネス」[1]の立場が成立する。この立場をさらにおしすすめて、真理の「頂点に登りつめていく者」が、『哲学的断片』と『哲学的断片の後書《あとがき》』の著者、ヨハンネス＝クリマクスの立場である。

1) ドイツのすぐれたキルケゴール翻訳者ヒルシュによれば、ヨハンネスという偽名は、王の生命を救うために死の沈黙を守り、石と化していく、グリム童話「忠臣ヨハンネス」から取られたものであろうと推定されている。そうであるとすれば、沈黙のヨハンネスだけではなくて、匿名として使用されたすべてのヨハンネスが、本質的には沈黙者であるということになる。キルケゴールは、かれの真意を、この匿名を使用することによって沈黙し続けていたのである。なお、このヨハンネスだけでなく、純然たる匿名使用がコルサール事件後の著作(「後書」)以後は、かげをひそめるようになったことも、注意されてよい。

これにたいしてアンティ＝クリマクス（反クリマクスの意）は、すでに最高の真理に登りつめてそこにとどまり、そこから下を見おろして人間どもの絶望した姿を描き、その悔い改めを迫る立場に身をおいている。ここで語られるものは、もはや、認識する者の探求の言葉ではなくて、信仰する者の確信の言葉であり、キリスト者としてはたらくものの行為である。

これにたいしてキルケゴールじしんは、自分をどこに位置するものとみていたか。かれの日記には、こうしるされている。

「アンティ＝クリマクスは、ヨハンネス＝クリマクスといろいろな共通点をもっている、しかし違いは、ヨハンネス＝クリマクスが卑下《ひげ》して、自分はキリスト者でないとさえ言うように、アンティ＝クリマクスは、自分が異常な程度におけるキリスト者であると思っていることが認められるように思われる点にある。

わたしは自分を、ヨハンネス＝クリマクスよりは高く、アンティ＝クリマクスよりは低くにあるものとして規定するだろう。」（筑摩書房刊「キルケゴール全集」第二十四巻二九七〜八頁の桝田啓三郎氏訳より）

真実の信仰者としてアンティ＝クリマクスのように生きることは、生身《なまみ》の人間にとっては、至難のわざである。ここで書かれたものは、まるで使徒が書いたとも思われる程度のものであるが、自分は宗教的な一悔悟者でしかない。このような反省からキルケゴールは、本書の出版をちゅうちょしたのであったし、出版を決意してからも、みずから一刊行者の地位にとどまろうとしたのである。ここにわたくしどもは、ただ真理

『死に至る病』執筆当時のキルケゴール

を説くだけではなくて、自らが説く真理を自らの生活の中に実現していこうと努力してやまない、真の実存的思想家の手本をみることができるであろう。かれの真摯《し》な思想態度を学ぶために、本書出版後の一八四九年八月の日記を、引用しておこう。

「あの書物でだれよりもさきに教育されねばならないのはわたし自身なのである。あれを出版する権利をえるにいたるまでのわたしほど、深くあの書によって謙虚な気持になる権利をもった者は、おそらく一人もいないであろう。著者であるわたしには、わたし自身なんの価値もない者なのだ（最高のものなどではないのだ）から、あの最高の書物をわたし自身の名で出版する権利などあるはずがないだろう。それでは人を裁くことになる。わたしはまずなんらかの仕方で実生活の中に自分を配置して、わたしもやはりほかの人々と同じように弱い人間であることを承認しなくてはならない——そうしてこそ、わたしはあれを出版できるのだ。」（同前四四七頁）

精神としての自己

「人間は精神である。だが、精神とはなにか。精神とは自己である。」このような書き出しで、『死に至る病』の本文は、はじまる。

ここでいわれる「精神」（Spirit）とは、キリスト教文明をもつ西欧では、聖書の「聖霊」と関連したニュアンスをもって使用される語である。いろいろな心理的なはたらきをする「心」一般（Soul）と区別された、特別な心のはたらきを意味する語が「精神」であって、人間の霊魂の奥底で神と交わり、永遠者・無限者の意識にめざめるはたらきをなすものが、この「精神」なのである。

この精神を「自己」としてとらえるところに、キルケゴールの独自性がある。ヘーゲルでは、精神の本質は、主観と客観、思考と存在、理性と感性、論理と自然を意識的に総合する、「絶対精神」としてとらえられた。しかし、キルケゴールにとっては、このような「絶対精神」を語ることは、それじしんが永遠者である絶対的存在（神）にはゆるされても、有限な精神しかもたない人間にはゆるされていないと考えられた。キルケゴールにとっては、人間において実存する精神のみが問題であった。

それでは、人間の内に実存する精神とはなにか。永遠者の意識をもちながらも現実にはそうなっていない自己にとっては、永遠者となることが課題となる。現にあるがままの自然的な自己は、自己であって自己ではなく、本来そうなるべき自己に実際になろうとする課題を負う者であるにすぎない。『後書《あとがき》』での「実存」についての定義が示していたように、このような、「本来そうなるべき自己になる」という、「自己生成」の無限の努力のうちに在りつづけることが、「実存する」ということの本来の意味であった。人間にとっての実存する精神とは、このような課題を自分じしんの課題として自覚する自己のことであり、この課題を、現存するこの単独の自分じしんの生きかたをとおして実現していこうとする自己のことである、とされた。

自己がこのような意味での実存となっていない状態、自己の本来の姿を見失った自己喪失の状態にあること、これが「絶望」なのである。

『死に至る病』とは「絶望」のことである

人間にとっての最大の不安、最大の恐怖の対象は、「死」である。しかし、精神をもち、永遠となるべき自由意志をもった人格、意志の主体、行為の主体としての「人格」にとっては、肉体の死だけが問題となるのではなく、精神の死、人格の死こそがより大きな問題となる。

自然的な存在としての人間にとって、肉体の死ほど恐ろしいものはない。しかし、永遠を意識することができる精神的存在としての人間にとっては、肉体の死そのものがさいごの希望となるばあいは、いくらでもある。愛を失って老残の生を生きるよりは、むしろ死を選ぶというのが、人間本来の在りかたなのではないか。戦争による人殺しを強制されるよりは、死を賭して平和を選ぶというのが、人間のばあいなのではないのか。愛《いと》し子を喪《うしな》う不安、平和を失う不安を前にしては、死の不安などけし飛んでしまう。死の不安をのりこえるためには、それをうしなうことが肉体の死よりももっと恐ろしい、人生の目標に目をすえるがよい。より高い目標をうしなう危険を前にしたばあいにだけ、わたくしどもは、より低い目標をうしなう危険に耐える勇気をもつことができるのである。

このより恐ろしい危険、絶対にうしなってはならない人生の高い目標の喪失、これが、精神としての自己、人格としての自己をうしなうということである。これこそが、人格にとっての真の死を意味する。そして、これが絶望なのだ。絶望においては、死を死ぬことすらもできない。肉体の死にたいする不安などとはくらべものにならないほどの苦悩が、この絶望というものなのだ。このようなわけで、人間にとっての死病、人格としての自己にとってのほんとうの死病とは、この絶望のことなのである。

しかしまた、自然につながれていない人間、永遠を意識しうる人間、そして、みずからの自由な行為によって永遠へと生成していくことができる人間、このような人間のみが、絶望することができるのである。こうして、絶望の可能性は、人間の偉大さ、高貴さをあらわすしるしである。絶望しうるというのは、自由な存在、自覚的な存在としての人間のみなのだ。だがさらに、現に絶望しているということは、なにものにもまさる苦悩なのだ。絶望の現実性は、そこに安住すべきものではなくて、一刻も早く、肉体の死をも賭してのりこえるべき、人間にとっての究極の課題として、そこにあるものなのだ。

絶望をのりこえるというこの最高の課題をなしとげるためには、絶望の本質を理念的にさぐり、その諸形態をあますところなく摘発しなければならない。このことをなしとげようとするのが、この『死に至る病』なのである。

正しい自己関係のくいちがい　絶望の理念は、「正しい自己関係の齟齬《そご》」、現実の自己が本来の自己にかかわるかかわりかたの「くいちがい」（disrelationship）である、と定義される。

ところで、キルケゴールによれば、人間とは精神であり、精神とは自己のことであるが、さらにこの「自己」とは、「自己じしんにかかわる関係」であり、さらにこの関係をとおして、このように自己が自己じしんにかかわらざるをえないような関係を設定した「他者」につきあたり、この「他者とかかわる関係」であるとされる。

ここでの自己が、「自分で発明した」観念的な自己などではなくて、現実の自己であるからには、実存する自己は、この現実を設定した他者にかかわることなしには、自己とかかわることができないのである。しかも、この「他者」がまた、「みずからが発明した」観念的な他者[1]などではなくて、実在する「絶対の他者」でなければならない。人間としての自己を絶対的に越えているこの絶対他者は、人間の理解を絶した「超越的存在」としての「神」であることは、いうまでもあるまい。

人間の自己関係がこのような絶対他者（神）によって置かれたものであるからこそ、後に示すような、「絶望して自己じしんであろうとする」絶望形態も成立してくるのである。

実存する「自己」がこのようなものであるとすれば、「自己関係のくいちがい」としての絶望の理念的な

1) このような他者は、自分が理解できるかぎりでの他者であり、したがってまた、自分の観念のなかにとりこんで自分と一体視することができる他者であるから、それは実は「可能的自己」にすぎないのであって、実在する他者ではないのである。

本質は、つぎのように定義されることとなろう。

「自己じしんに関係し、自己じしんであろうとするさいに、自己が、自己を措《そ》定した力を見うしなって、自我の殻にしがみつこうとするのが、絶望である。」

真の「自己」についての無知からくる、このような意味での人間の絶望状態を分析していくのが、本書の第一部「死にいたる病とは絶望のことである」であり、この絶望状態の意志的な継続状態を分析していくのが、本書の第二部「絶望は罪である」なのである。

絶望の理念的な諸形態

自己とは自己関係のことであったが、この自己関係を構成する関係項となるものは、「有限性と無限性」、もしくは、「可能性と必然性」である。しかも、自己とは、関係そのものではなくて、「関係が関係じしんに関係する」というのが、キルケゴールのばあいであった。つまり、自己がみぎの関係項のいずれの側にもかたむかず、いわばそれらを越えた立場から、「この関係をみずからの自由な責《せ》めによって総合していく」ような形で、この関係にかかわっていくというのが、真実の自己の在りようでなければならない、とされたのである。

そこで、このような意味での関係のとりちがいとしての絶望は、つぎのような諸形態に分類されることになる。

1　無限性の絶望

これは、自己の有限性を忘れ、空想によって、自己を実存する自己じしんから蒸発させていこうとする者がおちいる絶望である。ここでキルケゴールは、この立場を代表する典型的なばあいとして、フィヒテの絶対的観念論の哲学や、ロマン派の詩人ノヴァーリスの文芸思想や、シュライエルマッヘルの神秘主義的宗教思想を念頭においている。

2　有限性の絶望

これは逆に、無限性の意識をうしなって自己を平均化して、自己を員数のひとりにしてしまう俗人どもがおちいる絶望である。人間が機械化され集団化される現代において普遍化している絶望が、これである。

3　可能性の絶望

ここにおかれているこの現実の自己をのがれて、可能的なもののなかへ自己を喪失していく絶望である。有限性と無限性の総合を、観念のなかで、抽象的にのみなしとげようとするのがこれであって、ロマン派の文学がその典型である。

4　必然性の絶望

これは逆に、与えられた現実をどうにもならぬ必然的なものと考えて、この現実にしがみつこうとする者がおちいる絶望である。永遠的なものにたいする感覚をうしなってしまった精神喪失の俗物根性の持ち主や、決定論者・運命論者が、その典型である。

絶望の意識的な諸形態（絶望の諸段階）

自己関係の総合は、理念的にではなく、意識的に、みずからの責めとして実現すべきものであった。また、絶望は、みずからのうちに永遠者への意識をもつ精神の病いであった。したがって、絶望がその本来の姿をあらわすのは、意識の領域においてである。

ところで、絶望しうるということは、人間の長所であった。永遠の意識が深ければ深いほど、そのとりちがいとしての絶望もまた、その苦悩の度をつよめるであろう。しかしそれはまた、可能性としてみれば、かれがそれだけ深い自己を生きようとしているしるしなのである。こういうわけで、絶望の意識形態の分析は同時に、絶望のつよさの段階とその救済可能性の段階を示すものとなる。それは、つぎのように段階づけられる。

1　自分が絶望であることを知らないでいる絶望

これはもっとも低次の質の絶望であって、自分が永遠な自己となるべき課題を負うものであることについての無知からおこる。異教徒やキリスト教界内の自然的人間の生のなかに、広く見出される絶望形態である。これは、絶望ののりこえによって本来の自己をとりもどすという観点からみれば、もっとも重症の絶望である。肺病患者の容態のようなもので、もっとも気分のよいときが実はもっとも危ないときなのである。ここからは、自己生成の運動が起りようがないからである。動物は絶望しないからといって、動物であることをねがう者があろうか。無知者ならば奴隷状態に満足できるからといって、教養のない人間の自由なき幸福をうらやむ者があろうか。絶望としたしみ、絶望に鍛えられ、絶望を跳躍台としてのみ、精神としての自己の高貴さが実現されていくのである。

2　自分が絶望であることを自覚している絶望

ここでは自己は、自分がみずからのうちに或る永遠なものをもっていることを意識していながら、それをみずからのものとして実現できないでいることに気付いて、絶望するのである。現実の自己と永遠的自己との関係が、他者によって課せられた課題であるところから、この絶望は、つぎの二つの段階に分かれることとなる。

(1)　弱さの絶望

これは、自己が、「絶望して自己じしんであろうと欲しないばあい」の絶望であって、「女性的な絶望」とも名づけられる。これはさらに、つぎの二つの段階に分けられる。

(a)　地上的なものについての絶望

地上的な快や幸運に見はなされた自分に絶望して、そのような自分にいや気がさし、「絶望的に、自分じしん以外のものであろうと欲し、新規の自己を望む」絶望である。空想や抽象的な反省によって現実の自己から逃れ去ろうとあがく、自己逃避・現実逃避の絶望である。

(b)　永遠なるものについての絶望

これこそが、本来の「自己じしんについての絶望」である。これは弱さの絶望の最高度であって、(a)が運命に腹を立てている弱さの絶望であるのにたいして、この(b)は、自分の弱さについて腹を立てて、永遠者とかかわりをもつべき自己じしんを見失い、有限な自我の殻のなかに閉じこもってしまうのである。かれは、世間のうちにありながら孤独であり、異邦人《エトランジエ》である。かれは、行為について恐怖をいだく。そこに誤謬《ごびゅう》と後悔の危険性だけをかぎつけるからである。かれは、永遠者への夢想によってかきたてられながらも、過度の分析によってすりへらされて、実践へとふみ出ることに気おくれして、たえず自我のうちがわへ立ちもどってしまう。

(2)　強さの絶望（反抗）

これは、「絶望して、自己自身であろうと欲する絶望」であって、「男性的な絶望」とも名づけられる。ここでは自己は、永遠者へと自己を結びあわせるべきであることを意識していながら、この永遠者が本来の自己を恵み与えてくれるかどうかが不確実であることと、このような不確実なものとのかかわりのために現実の自己を否定しなければならないということに腹を立てて、反抗的に自我を固執し、自我を絶対視してその上に傲慢《ごうまん》に居直《いなお》るのである。

フィヒテ、シェリング、ヘーゲルなどによって代表されるドイツ観念論の哲学は、その観念的な理論体系の中に全世界をとりこみ、全世界を征服しようとする。しかしその支配は錯覚であって、その権威は、「国土なき国王」のそれにすぎない。そこにあるものは、実在する世界そのものではなくて、思考された存在という抽象物だからである。これは、この段階の絶望の理論的な形態にすぎない。

こうして世界をわがものとすることに失敗した絶望者は、ついには、全世界から不当に取り扱われるという苦悶のなかに居《い》すわることを、自分の特権であり、自分の高貴さのあかしである、と主張するところまで登りつめる。ここで、自我の殻への自己閉鎖性は絶頂に達する。「きっちりと錠のおろされた内面性」とか、「悪魔的《デモーニッシュ》な狂乱」とか名づけられる絶望状態が、これである。

3　罪としての絶望

絶望が神の前において意識されるとき、「絶望は罪である」という、本書第二部の段階が成立する。自己は、自己が対面するものによってその質が測られ、その在りようが定まるものである。このようなものとして自己はいまや、観念的・内在的な永遠者ではなくて、実在する超越者、神を見出した。しかも自己は、この神を前にして、その救済と罪の赦《ゆる》しの教に躓《つまず》くのである。自己閉鎖の絶望は、ここで極点に達する。

「罪とは、神の前で、あるいは神の観念をもちながら、絶望して自己じしんであろうと欲しないこと、もしくは、絶望して自己じしんであろうと欲することである。」

ここでは、(1)と(2)までの、いわば自然的な絶望が、すっかりそのまま、自己の自由なる意志によって招きよせられ、継続されていくものとしてうけとめなおされていて、さいごの希望にたいしてすらも背を向けた、まったくの死病となっているものとして分析されている。

ソクラテスは偉大な思想家であったが、絶望が神の前で罪となることを知らなかった。だからかれは、無知が最大の悪徳であるということができた。しかし、この段階の絶望者は、本来の自己がどう在るべきかについて、決して無知ではない。かれは自分の前に、さいごの希望、さいごの救済者として神を見出し、神を前にして自己を測ることを知ってはいる。しかもかれは、みずからの自由意志によってその神から逃れ去り、扱き去るのである。ソクラテスは、罪が、知性の立場から意志の立場への飛躍によって成立するものであることを、自覚することができなかったのである。

「人間は自分が罪のなかにいるのであるから、自分自身の力で、自分自身の口から、罪がなんであるかを明言することはできない。人間が罪をどううんぬんしようとも、それらのことばはすべて、結局、罪の言いつくろいであり、弁解であり、罪深くも罪を軽減しようとするものである。それゆえにキリスト教はまた、それとは違った仕方で、すなわち、罪がなんであるかを人間に解き明かすためには神からの啓示がなくてはならないということをもって、始めるのである。つまり、罪は、人間が正しいことを理解しなかったということにあるのではなく、人間がそれを理解しようと欲しないことに、人間がそれを欲しないことにある、と言うのである。」（同前『キルケゴール全集』一六三～四頁の桝田氏訳より）

絶望の意識は、それが、たんなる反省意識をこえて意志の意識となることによって、つまり、そこにふみとどまることを欲するということによって、絶頂に登りつめた。そこで、この意欲を裏返しさえすれば、絶望がすっかりとり除かれた、健康な自己関係をとりもどすことができるはずである。これが信仰の立場である。絶望が根だやしにされた信仰の立場は、つぎのように定義される。

「信仰とは、自己が、自己自身であり、また自己自身であろうと欲するに当たって、神のうちに透明に基礎をおいている、ということである。」（同前、一四二頁。なおこの定義は、同書二八頁と八八頁でもほとんど同じ形でくりかえされている）

それでは、このような信仰によって絶望を根だやしにした信仰者の人生とは、どのようなものであるべきなのか。このことを論ずるのが、つぎの『キリスト教の修練』である。

改革者の途《みち》を説く『キリスト教の修練』

第二の宗教改革宣言　『キリスト教の修練』が出版されたのは、一八五〇年九月であるが、その原稿の大部分は、一八四八年中にほとんど書きあげられていた。そしてその内容は、つぎのようなものであった。

真の信仰者とは虚偽なこの世とたたかってこれを真理へと変革していく、殉教者《じゅんきょうしゃ》イエスの「追従者」のことであって、教会の権威を讃嘆することによって身の安全と栄達をはかろうとする、栄光者イエスの「賛美者」のことではない。国教会は、聖なる信仰の権威と世俗の権力とを混同する不信仰の立場に堕落《だらく》したものであるから、根本的に変革されなければならない。

このような趣旨を盛《も》った教会批判の書が、この『キリスト教の修練』であった。そこからこの本は、ルターの改革精神をさらに徹底していこうとする第二の宗教改革宣言の書である、ともいわれるようになった。

こうして、この一八四八年は、歴史上、まことに記念すべき年となったのである。同じ年に、マルクス・エンゲルスの『共産党宣言』も出版された。政治的変革と霊的変革の必要をうったえる二つの本が、同時に成立していたわけである。

コペンハーゲンでは、「自由憲法制定」の声にうながされて、国王がこれを認めるという無血革命が成立した。こうしてこの年は、まさに、革命と動乱の年であった。こうした外的世界の動乱にたいしてキルケゴールは、本書の中でも、団体によって人間的要求の実現をはかろうとすることは真の信仰者の途《みち》ではない、という批判をくり返している。しかし、このような非社会的な外見の内面では、既存の教会権威とたたかってその霊的な改革を実現しようとする、はげしい闘志を燃やして本書の原稿を執筆していたのである。

当時の国教会の権威の象徴であった「晩年のミュンスター国教会監督」

本書はキルケゴールが覚悟していたように、教会関係者からは歓迎されない本となった。あの温厚で、キルケゴールにたいしてもあたたかい理解を示しつづけていたミュンスター監督すらも、本書は聖なるものをけがす瀆《とく》神の書である、と非難して、それ以後は、キルケゴールが訪ねても会おうとすらしなかったのである。

しかしまた本書は、真のキリスト者たろうとする人たちには、喜び迎えられた。現在でも本書は、まじめなキリスト者たちの間に多くの愛読者をもっていて、深い反省をうながし、力づよいはげましを与える本となっている。また神学者たちにも、大きな影響を与える書となった。たとえばバルトの危機神学などは、その一例であるといってよいであろう。

デンマークが生んだ有名な文学史家で、いち早くキルケゴールの意義を認めてその評伝を一八七七年に書いたG・ブランデスは、その評伝のなかで、本書についてつぎのようにのべている。

「わたしはこの書物を、かれのもっともすぐれた著作の一つであると思う。また一般的に見ても、透徹した思想と真理への愛につらぬかれている点で、真に傑出した作品である。S・キルケゴールのさいごの時期の著作の多くを読むだけのひまをもたない人は、なによりも本書一冊を熟読玩味すべきであろう。ここにはかれの思想のすべてが集約され、かれのもっとも深い感情が吐露《とろ》されている。キルケゴールには、歴史的感覚が欠如していたかわりに、あらゆる状況のなかに身をおいて、それをありありと再現し実感する、鋭敏無比な天才的能力がそなわっていたのである。」（白水社刊『キルケゴール著作集』第一七巻四〇三頁の杉山好氏解説より）

中間時における信仰者の生　すでにみたように、キルケゴールにおいて「信仰」とは、神人イエスと同時的に生きることであった。すなわち、今、現に生きた言葉をもって自分に語りかけてくる神人格と、この実存する単独者としての自己とが、「われとなんじの実存関係」をもつことであった。

しかし、われわれが生きるこのいまは、どういうときであるか。神が卑賤《ひせん》な貧しい下僕の姿を身にまとって歴史の中にあらわれ、盗賊といっしょにされて、罪人として処刑された啓示のときと、神がふたたび神としての栄光の姿をあらわして世界に君臨する、世界審判の終末時との、「中間の時」がいまである。そしてこの中間時においては、あの復活したといわれる神は、わたくしどもの目にはかくされている。神は微行《インコグニト》(incognito) の神であるにとどまるのである。

ここでわたくしどもに見える神は、卑賤の姿をとって世にあらわれ、真理を実証するために迫害され、虚偽なる世間によって罪人として殺された、殉教のイエスのみである。そこで、中間時における信仰は、このいやしい下僕の姿をとったイエスと、その卑賤において同時的である、ということでなければならない。真理のゆえに虚偽の世と衝突する単独者であったイエスの追従者となり、迫害されることを覚悟の上で、既存の世間との単独的なたたかいにふみ出す者こそが、真の信仰者なのである。

しかもここでは、イエスの追従者となって迫害に甘んじても悔いがないほど、このイエスとの生の共同が価値あるものである、という客観的な確実性は、どこにもない。あるのはただ、躓《つまず》きのしるしのみである。神という至高の尊貴性をもつものが、卑賤な下僕として、歴史のなかに啓《ひら》き示されたという矛盾、あの卑賤な下僕の姿をとってみずからを啓示したものが、実は至高の尊貴者・神であるという背理《パラドックス》、これに躓《つまず》かない人間があろうか。

このような躓きの可能性にもかかわらず、いな、このしるしのゆえにこそ、イエスを神であると信じて動じないのが信仰である。神がみずからを直接的に神として示す、「直接的伝達」の方法をとらなかったのは、これによっては人間の自己が、自由な単独者として神と対面することができず、神への奴隷的な従属からみずからを解放することができなくなることを、見ぬいていたからである。躓《つまず》きの可能性を中に置いて人間を神からつきはなす、この「間接的伝達」の形をとるところにこそ、人間を自由ならしめようとする神の深い愛が働いていたのであり、人間の自由を信頼する神の大きな愛が示されているのである。

キリスト教界の堕落《だらく》した姿

ところが、現在のキリスト教界の実状は、どうであろうか。卑賤のイエスは忘れられて、栄光のイエスのみが、もてはやされる。卑賤のイエスにならって苦しもうとする誠実さなどはみじんもなくて、だれもかれもが栄光の神に驚嘆し、神を賞賛することだけに満足している。既存性の虚偽とたたかおうとする者は、かげをひそめる。行為であるべきキリスト教を教説《ドグマ》に変質させてしまう。神の賛美者はいても、神の追従者はいない。神はすっかり既存の権威として前提されている。こうして神と既存性との間にある絶対の質的な差異が、見おとされる。その結果は、既存性と戦うどころか、既存性を神化し、絶対視して、神の絶対性を世俗化してしまう。

信仰においてもっとも肝心《かんじん》なことは、「神人イエスは、善をなすからこそ罰せられたのであって、悪のゆえに罰せられたのではない」、という事実を、しっかりと見つめることである。神の愛が、いっさいの報酬《ほうしゅう》を期待しない「無償の愛」であるといわれるのは、この意味でなのである。この神によって信仰者に命ぜられる愛が、「汝愛すべし」という形をとるのは、この無償性の要求によって愛を純化するためである。「この『べし』という言葉は、ここでは命令としての響きをもはや失って——命ぜられていることを熱烈に願い求める人にたいしては、命令など無意味である——むしろ聖《きよ》め、純化する力としてはたらく。つまり、この熱情にまじりこみがちな軽はずみや、うぬぼれたゆきすぎや、なにかの功徳《くどく》や報償を求めようとする不純な思いなどを、払いのけるはたらきをするのである。」

ところが、現在のキリスト教界はどうであろうか。キリスト者であることが、真理のための迫害どころか、世俗的な立身出世や賞賛をまねきよせるための道具にされている。ここでは、信仰者の特長である「隠された内面性」も、崇高《すうこう》な敬虔《けいけん》のしるしではなくなって、すっかり台無しにされてしまう。キリスト教が既存世界の権威ではなかったころは、信仰者は、世間からの無用な迫害をまねきよせることをおそれて、信仰を世間からかくして自己の内面に確保した。それは、単独者としての自己の内面で、同じく単独者である神にたいして敬虔な信仰告白をするためであった。

ところが現在では、ちょうどその逆になってしまっている。自称キリスト者たちは、キリスト者であることを誇りがましく世間に公言しながら、実際にはなんの信仰も持っていない。なにもしない自己を弁護し、合理化するために、「信仰はわたくしの内面的な真実であって、それとしてそとにあらわすべきことではない」、などといっているのである。ここでは、「隠された内面性」は、信仰をかくすのではなくて、不信仰をかくす「隠れみの」となってしまっている。教団の中での信仰告白は流行しているが、肝心の単独者としての自己の内面での神にたいする信仰告白は、不在である。信仰告白のための本来の場である単独的な内面性の内にあるものは、信仰告白ではなくて、信仰沈黙なのである。

こうして教会はいまや、キリスト教が地上の権威となってしまった結果として、「戦闘の教会」であることをやめてしまって、神の栄光を賛美してその勝利に酔う「勝利の教会」になり下がっている。この錯覚と迷妄をうち破って、中間時における単独的信仰者たちの共同体としての本来の在りかたをとりもどし、ふたたび世の虚偽と妥協のない、無償のたたかいを展開していく、「戦闘の教会」の伝統に立ちかえらせることこそが、真の教会人が負うべき使命でなければならない。

謙虚な罪の自覚をこそ

わたくしどもに啓示されたただひとつの現実である卑賤のイエスは、それに追従して生きようとする信仰者に、つぎのように告げている。キリスト者としてのまことの栄光は、この世間でうける屈辱《くつじょく》に耐えて「真理の証《あか》し」をする、ということである。逆に、この地上での屈辱の生を自発的に選びとる勇気をもっていることこそが、キリスト者にとっての栄光なのだと。

神の栄光の賛美者にすぎない不信仰者と、神の卑賤の追従者である真の信仰者との区別は、どこにあるのか。この問にたいするキルケゴールの答は、こうである。

「追従者はかれが賛美するところのものである。あるいはすくなくとも、賛美するところのものであるようにと努力する。ところが賛美者は、自分じしんは賛美者の外部にとどまっていて、その賛美されているものが一つの要請を、すなわち、賛美されているものであれという要請、あるいはすくなくともそれになるように努力せよという要請を、自分に向かってつきつけているということを発見しない。あるいは発見しようとしないのである。」

信仰者がたんに傍観的に賛美しているだけではなくて、自分が賛美している神のように自分が実際になる、ということは、虚偽のこの世においては、かならず迫害と非難を招きよせる。賛美者と追従者の区別は、現実の危険がそこにあるかどうか、ということである。こうして、殉教者としての卑賤のイエスと同時的に生きる信仰者の生とは、みずからが殉教者として生きることを選びとる決断の生である、ということになろう。

そうすると殉教者となる勇気をもたない大部分の弱い人間にとって、キリスト教は無縁のものとなってしまうのではないか。殉教者としての生は、宗教的偉人である使徒だけに可能なものである。しかし、普通の弱い人間、神に叛《そむ》き、罪に堕《お》ちた人間を赦《ゆる》して救済するところにこそ、愛の宗教としてのキリスト教の真髄があるのではなかろうか。このことと、追従者として生きることとは、どう統一されるのだろうか。

この問にたいするキルケゴールの答は、こうである。

「わたくしは、すべてのキリスト者が殉教者だとか、殉教者にならない者は真のキリスト者ではないなどと、主張したことはない。ただわたくしが考えていることは、殉教者にならない者はだれでもみな（したがってわたくしじしんもそのひとりなのだが）、まことのキリスト者であるからには、つぎのことを謙虚に告白しなければならないということである。つまり、厳密な意味でのまことのキリスト者であった人たちにくらべて、たしかにより安易なきりぬけかたをして、自分はそこから逃れて来たのだということを、告白しなければならないのだ。」

絶対の要求を相対化してしまえば、もはや、キリスト教はなくなったも同然である。この絶対の要求に鍛えられて、罪の告白を謙虚《けんきょ》になすことができる人間にならなければならない。自分が第一級のキリスト者だ、などと思いあがってはならない。第一級のキリスト者は、やはり、殉教者であり、このような人こそが、キリスト教の真理を他人に説く権能をもった人であり、真理の証人《あかしびと》というにふさわしい人なのだ。自分はこのような「権能」なくして語る宗教的な悔悟者にすぎない、というのがキルケゴールのばあいであった。

ミュンスターが死に、マルテンセンがその追悼《ついとう》演説で、ミュンスターを「真理の証人」と呼んだとき、キルケゴールは猛然として立ちあがって、おそらくは、権能ある者であるというひそかな自負の念をひそめながら、国教会攻撃にその全エネルギーを集中して、四二歳の生を殉教者のようにして果てたの であった。『瞬間』が、そのたたかいの記録として残された、かれのさいごの論文集となったのである。

キルケゴールと現代思想

理念と現実

キルケゴールは、いろいろな生存状況でのかれの生活体験を深く反省しながら、生のうちにひそむ理念的な可能性をするどくとらえることができる、「理念の天才」とでもいうべき人であった。キルケゴールの詩人的天才が一二〇年も前に予言した精神状況、文化状況が、今まさに、わたくしどもの生活現実となった。キルケゴールを読むと、まるでかれが、いま、現に、わたくしどもと同じ世代を生きている現代人であるかのように、わたくしどもにうったえかけてくる想いがする。キルケゴールはそういう意味で、まさしく現代思想家であり、わたくしどもと同時代的に生きているすぐれた現代人である、ということができよう。

かれの著作がそのような新鮮さをいまもって失わないのは、かれがまた、たんなる理念の詩人ではなくて、現実の課題をわが身にひきつけて生きようとする誠実な良心のもち主であり、実存的理念を真剣に探究した現実尊重のすぐれた倫理的思想家であったからである。さらにはまた、この現実のなかに高次の可能性を見つけだすことができる、すぐれた宗教的思想家でもあったからである。

多面的な思想家であり、弁証法[1]の天才であったキルケゴールの著作のなかには、精神上・思想上のほとんどあらゆる財宝が、美しい理念的結晶の形で、いっぱい詰めこまれている。読者は、この宝庫から、貪欲に精神の糧《かて》をつかみとられるがよい。

実存哲学の祖　こうしてキルケゴールは、現代を代表する有力思想の一つである実存哲学や実存思想の開祖となった。

現代の実存的思想家で、キルケゴールの影響をうけない者は、おそらく、ひとりもいないであろう。ちょっと見ただけでも、その影響は、つぎのような形でその痕跡《こんせき》を示している。

ヤスパースの哲学上の重要用語である「単独者」とか、「例外者」とかは、明らかにキルケゴールに由来するものである。かれの『現代の精神的状況』と題する時代批判の書は、キルケゴールの『現代の批判』にその先例をもつ。

ハイデッカーの『形而上学とは何か』の根本概念である「不安の無」は、その先蹤《せんしょう》を、キルケゴールの『不安の概念』においてみることができる。『存在と時間』における「決断」の強調やその時間論なども、キルケゴールの影響なしには成立しなかったのではなかろうか。

1) 弁証法とは、両立しないで対立する「矛盾」をとおして、真理が、その統一として生成・発展していくすじみちをとらえようとする思索方法であって、ヘーゲルによって確立され、マルクスとキルケゴールによって発展させられた、現代の有力な学問方法である。

サルトルの『実存主義はヒューマニズムである』における規定、「実存は本質に先立つ」は、キルケゴールの『哲学的断片』と『同後書』の主題であったものである。

カミュの『シジフォスの神話』や『異邦人』などの作品を支配している不条理の哲学は、『不安の概念』や『死に至る病』の中で問題にされた、「悪魔的狂乱」の姿を彷彿《ほうふつ》させる。

その他、あげていけば、きりがないであろう。思想の精髄にふれるためには、現在の流行を追う態度よりもむしろ、その源流をさぐって古典につくべきなのである。そして、本書で紹介したキルケゴールの主要著作は、どれもみな、それぞれの独自的な意義をもつ、実存思想の源流であり、古典としての評価が定まったものばかりなのである。

あとがき

本書の執筆にあたって著者は、日本におけるすぐれたキルケゴール学者である、桝田啓三郎、飯島宗享、大谷愛人の三氏から、その翻訳や解説をとおして、多くの御教示をうることができた。その他、とくに名をあげないが、多くの方々のお世話になった。本書の責任は、もちろん、著者ひとりのものであるが、ここに明記して、その学恩に感謝申しあげたい。また、教育大学の小牧治教授には、思想の見かたや本書の企画その他、こまごまとした表現上のくふうなどにわたって、親切な御配慮をいただいた。心からの感謝の意を表したい。出版については、清水書院の多くの方々のお世話をいただいた。

学問的水準や思想の深さを保ちながら平易に書くことのむずかしさを、痛感した。著者として可能な限りの最善をつくしたつもりであるが、未熟な著者のこととて、思い違いや解釈のまちがいがあるかもしれない。読者のみなさんの御批判と御指摘をいただければ、ありがたいと思う。

著　者

キルケゴール
（マルスランのスケッチ）

キルケゴール年譜

西暦	年齢	年譜	背景をなす社会的事件、ならびに参考事項
一八一三年		**キルケゴール生まれる**（五月五日、コペンハーゲンで） ヘリーガイスト教会で洗礼をうける（六月三日）	デンマークは、ナポレオンの陣営にとどまって英・独・ノルウェー連合軍に攻撃され、大打撃をうけた
一五			**ナポレオン没落**、**ウィーン条約**
一八			マルクス生まれる（五月五日）
二〇			エンゲルス生まれる
二一	八歳	公民学校入学	
二三	一〇	レギーネ＝オルセン（キルケゴールの永遠の恋人）生まれる	
二八	一五	フルーエ教会で**J・P・**ミュンスター司祭によって堅信礼をうける	
三〇	一七	コペンハーゲン大学神学部に入学（一〇月三〇日） 親衛隊に入隊（一一月一日）、身体虚弱の判定で除隊（同月四日）	フランス**七月革命** ドイツ産業革命にはいる

三一			**ヘーゲル死ぬ**（一七七〇〜）
三二			ゲーテ死ぬ（一七四九〜）
三四	二一	日記をつけはじめる（四月一五日）。七月二六日から三一日までギレライエ旅行。母アンネ病死（七月三一日）	シュライエルマッヘル死ぬ（一七六八〜） マルサス死ぬ（一七六六〜）
三五	二二	**H・L・マルテンセンからシュライエルマッヘルの教義学についての個人指導をうける**（秋学期） 六〜八月にかけて北シェランの各地を旅行。**実存的理念にめざめる。**帰宅後に深刻な「**大地震**」体験（三五年説）	アンデルセン『即興詩人』『童話』 グリム『ドイツ神話』出版
三六	二三	**P・M・**メーラーの形而上学《けいじじょうがく》の一般概念に関する講義をきく（冬学期）	イギリスの**チャーチスト運動**はじまる
三七	二四	はじめてレギーネ＝オルセン嬢に会う（五月） マルテンセンの講義「思弁的教義学序説」をきく（一一〜一二月）	イギリスのヴィクトリア女王即位（〜一九〇一）
三八	二五	恩師メーラー死す（三月一三日）。「**大地震**」体験（三八年説） 五月一九日の白昼十時半「いい知れぬ宗教的喜悦」を体験 **父ミカエル死す**（八月九日） **『いまなお生ける者の手記より』**を実名で出版	（さいきんの研究では、この大地震体験は、一八三八年五月五日の誕生日に起こったことと推定されている。）

一八三九年	二六歳	レギーネに愛の告白をする（二月二日）	
四〇	二七	大学神学部の牧師試験に合格（七月三日） 七月一九日〜八月六日まで父の故郷ユトランドを旅行 九月八日**レギーネに結婚を申し込み**、九月一〇日承諾の返事を得る	ゴールシュミットが『コルサール』紙を創刊 オーギュスト＝コント『実証哲学講義』出版 アヘン戦争おこる（〜一八四二）
四一	二八	王立伝道学校に入学（一一月一七日） 論文『アイロニーの概念について――たえずソクラテスを顧みつつ』がコペンハーゲン大学哲学部からマギステルの学位に値するものと認定される 八月一一日ころ、レギーネに婚約の指輪を送り返す 九月一六日、学位論文の印刷終わる 一〇月一一日、**レギーネとの関係を完全に断ち切る** 一〇月二六日〜翌年三月六日まで、第一回ベルリン旅行 ベルリン大学でシェリングの講義をきく（一一月一五〜二二日）。後に『あれか――これか』第二部に入れられた論文『人格の完成における審美的なものと倫理的なものとの均衡』を脱稿（一二月七日ころ）	フォイエル＝バッハ『**キリスト教の本質**』、リスト『国民経済学体系』出版 天保の改革
四二	二九	後に『あれか――これか』の第一部に入れられた論文	

四三	三〇	『現代悲劇における古典悲劇の反映』を脱稿（一月二〇日） 三月六日、ベルリンからキールを経てコペンハーゲンに帰る 『誘惑者の日記』を脱稿（四月一四日） 『あれか——これか』の編集者の序文を脱稿（一一月） この年から翌年にかけて、近代哲学の反省的傾向を批判するために、その源流をなすデカルト哲学を問題にした未定稿、**『ヨハンネス=クリマクス、あるいは一切《いっさい》のものが疑われねばならぬ』**を執筆 **『あれか——これか、人生の一断片』**を「ヴィクトル=エレミタ」の匿名《とくめい》で出版（二月二〇日） 四月一六日、フルーエ教会でレギーネの会釈をうける 五月八日、これに心の動揺を覚え、第二回ベルリン旅行にたつ（六月に帰る） 『二つの教化的講話』出版（五月一六日） **『おそれとおののき、弁証法的抒情詩』**と**『反復、実験心理学の試み』**を、前者は「沈黙のヨハンネス」、後者は「コンスタンティン=コンスタンティウス」の匿名で	南京条約

年	年齢	事項	一般事項
一八四四年	三一歳	同時出版（一〇月一六日）、『三つの教化的講話』(同日)、『四つの教化的講話』（一二月六日）を出版 『二つの教化的講話』（三月五日）、『三つの教化的講話』（六月八日）を出版。『**哲学的断片、あるいは一断片の哲学**』を、「ヨハンネス＝クリマクス著、S・キルケゴール刊行」の形式で出版（三月一三日） 『**不安の概念、原罪の教義的問題への手引きのための単純な心理学的考案**』を、「ウィギリウス＝ハウフニエンシス」の匿名で出版（六月一七日） 『四つの教化的講話』を出版（八月三一日）	マルクス『**独仏年誌**』発行 マルクス『**経済学・哲学手稿**』を書きはじめる オランダ使節日本に来る
四五	三二	『仮想の機会における三つの講話』を出版（四月二九日） 『**人生行路の諸段階、さまざまな筆者による研究**』を、「製本屋ヒラリウスにより蒐集、印刷、出版」という匿名形式で出版（四月三〇日） 第三回ベルリン旅行（五月一三〜二四日） 一二月二〇日、P・L・メラーが、『人生行路の諸段階』に対する尊大な批評を、文芸雑誌『ゲア』にのせる 同二五日、『コルサール』紙の陰の協力者であったこの	フォイエルバッハ『宗教の本質』出版 マルクス＝エンゲルス『**ドイツ・イデオロギー**』『神聖家族』出版 シュティルナー『**唯一者とその所有**』出版 デンマーク領インドが英国に買収される

四六

三三

メラーから、『ゲア』に寄稿を求められたが、ことわる
同二七日、『祖国』第二〇七八号に『遍歴審美主義者の活動、どうしてかれが酒宴の支払いをすることになったか』の一文を、「フラーテル＝タキトゥルヌス」の匿名で発表し、その中で次のように書いた
「一刻も早くコルサールの俎上《そじよう》にのせてほしいものだ。デンマークの文筆界において、コルサールにやっつけられないほど優遇されているのは自分ひとりかと思うと、このあわれな著作者はまことに肩身のせまい思いがする。」
同二九日、この反駁《はんばく》に対するメラーの回答が、『祖国』第二〇七九号にのる
『哲学的断片への完結的、非学問的なあとがき、演技的、情熱的、弁証法的雑録、実存的陳述』を、「ヨハンネス＝クリマクス著、S・キルケゴール刊行」の形で出版（二月二七日）
『J・L・ハイベルク刊行「日常物語」の作者の小説「二つの時代」に対する**文学評論』**を実名で出版（三月三〇

一月二日、『**コルサール**』第二七六号に、絵入りのキルケゴール攻撃文がのり、七月一七日の同紙第三〇四号まで、ほとんど毎号のようにまんが入りのキルケゴール嘲笑《ちようしよう》文が連載され、キルケゴールは、コペンハーゲン人たちのもの笑いのたねにされてしま

一八四七年

三四歳

日)――いわゆる『**現代の批判**』は、この本の後半部分をなすもの
第四回ベルリン旅行(五月二～一六日)
この年から翌年にかけて『**アドラーの書**』(未定稿)を執筆する
『一言わたしの著作活動と「**単独者**」との関係について』、および『倫理的伝達と倫理的・宗教的伝達との弁証法』(未定稿)を執筆する
『さまざまの精神における教化的講話』(第一部『時に応じての講話』、第二部『野の百合《ゆり》と空の鳥から何を学ぶか』、第三部『苦難の福音、キリスト教的講話』)を出版(三月一三日)
八月二七日、フルーエ教会において金曜日の聖餐《せいさん》式に説教する
『**愛のわざ**、講話の形式による若干のキリスト教的考案』を実名で出版(九月二九日)
『アドラーの書』(未定稿)第三稿を脱稿(一二月一日)
来年の復活祭まで居住することを条件に、ニューツォア

う。ゴールシュミット『コルサール』をしりぞく(一〇月二日)
イギリスが**穀物法を廃止**して、自由主義経済の全盛期にはいる
ロンドンに**共産主義者同盟**が創立される
マルクス『哲学の貧困』出版
『あれか――これか』の初版本売切れ(四月二九日)
一一月三日、レギーネ、フリッツ＝シュレーゲルと結婚式をあげる

四八	三五	街の住宅を売却する 『キリスト教講和』を出版（三月二六日）。この日、ニューツォアからローセンボルグ街に転居 四月一九日、「わが全本性は変った」という宗教的体験をする 五月、新しい匿名「アンティ＝クリマクス」を思いつく 『祖国』第一八八〜一九一号に、「インテル＝エト＝インテル」の匿名で『**危機とある女優の生涯の危機**』を発表 九月一日、フルーエ教会で金曜日の聖餐式に説教する 『**わが著作活動の視点**』（没後、兄ペーターにより刊行）の稿なる（一〇月下旬） この年、後に『死に至る病』と『キリスト教の修練』として出版された草稿なる	デンマーク国王クリスチャン八世逝く（一月二〇日） マルクス＝エンゲルス『**共産党宣言**』発表（二月末） フランスの**二月革命**にはじまる動乱が、ヨーロッパ各地に波及し、政治参加を求める労働者の運動と資本家との争いが激化していくが、結局は資本家側が勝利して、反動体制がかためられていく 三月から四月にかけて、シュレスヴィッヒ・ホルスタインの帰属をめぐって対独戦がはじまり、**憲法改革**によって絶対王政から立憲君主政に移行する（三月二一日）という、内外の動乱・変革のあらしがデンマークをゆさぶる
四九	三六	『武装中立、または「キリスト教界」におけるキリスト教的著作者としてのわたしの位置』（未定稿）を執筆	

一八五〇年

三七歳

『あれか——これか』再版と、『**野の百合と空の鳥、**三つの敬虔《けいけん》な講話』を出版（五月一五日）

『二つの倫理的・宗教的小論集、H・H著』を出版（五月一九日）

『**死に至る病**、教化と覚醒のためのキリスト教的・心理学的論述』を、「アンティ=クリマクス著、S・キルケゴール刊行」の形式で出版（六月三〇日）

八月、マルテンセンの『キリスト教教義学』を読みはじめる

同月二四日、『「彼女」に対するわたしの関係、やや詩的に』の原稿日付

『「大司祭」—「収税人」—「罪ある女」—金曜日の聖餐式における三つの講話』を出版（一一月一三日）

一一月一九日、レギーネと和解するために彼女宛の手紙を同封して、夫シュレーゲルに手紙を書く。同二一日、レギーネ宛の手紙を未開封のまま同封した返書をシュレーゲルから受けとる

四月、「よろこんで官職につきたいと思う——しかし、

レギーネの父、顧問官テルキル=オルセン死す（六月二五日）

兄ペーターが、ロスキルレにおける牧師会議で、マルテンセンと『二つの倫理的・宗教的小論集』の著者H・Hとを対比し、前者を理知的、後者を神がかり的と評す（一〇月三〇日）

エーレンシュレーガー死す（一七七九〜）

		わたしの憂鬱《ゆううつ》があらわれて、めんどうなことになる」、と日記に書く この月、ローセンボルグ街からネレ街に移る 『**キリスト教の修練**』を、「アンティ＝クリマクス著、S・キルケゴール刊行」の形で出版（九月二七日）	
五一	三八	『マギステル・キルケゴールの著作活動、田舎《いなか》牧師の考察』（未定稿）を執筆 四月、ネレ街からエステルブロー街に転居 五月一八日、シタデル教会で『ヤコブ書』第一章について説教（後に『神の不変性』と題して出版） 『わたしの著作活動について』、および、『金曜日の聖餐式における二つの講話。いつかはその名を明かさるべき人に捧《ささ》ぐ』を出版（八月七日） 『**自己試練のために、現代にすすめる**』を出版（九月一〇日）	太平天国の乱（～一八六四）
五二	三九	前年からこの年にかけて、『**みずからを裁け――自己試練のために、現代へすすめる**』（一八七六年、兄ペーターによって刊行）を執筆する	ナポレオン三世即位（～一八七〇）

一八五三年	四〇歳		クリミア戦争（〜一八五六） ペルリ、浦賀来航
五四	四一	二月五日、マルテンセンがミュンスターの追悼《ついとう》演説を行ない、ミュンスターを、「使徒の日から連綿《れんめん》としてつながる聖なる鎖《くさり》の一環」であり、「真理の証人である」、とたたえる これに憤激したキルケゴールは、直ちに反駁論文を執筆したが、発表を一二月まで延期する 一二月一八日、『祖国』第二九五号に、先の二月執筆論文、**『ミュンスター監督は「真理の証人」であり、ほんとうの真理の一人であったか——それは真理か』**を発表 同二八日、マルテンセン、『ベルリングスケ・ティデネ』第三〇二号にキルケゴールの攻撃に対する回答文を寄せる 同三〇日、『祖国』第三〇四号に、『そこに問題がある』を発表する	**ミュンスター監督死す**（一月三〇日） 四月一五日、マルテンセン、シェランの監督に任命され、六月五日に就任する ドイツの哲学者シェリング死す（一七七五〜） 幕府、各国と和親条約を結び、**日本の開国**が実現される
五五	四二	一月一二日から五月二六日まで、『祖国』誌に拠《よ》って国**教会に対する論戦**を活発に展開する	フリッツ=シュレーゲル、デンマーク領西インド諸島の総督に任命され、レギーネ夫

『これだけは言っておかねばならない、だからここで言わせてもらう』を出版（五月一六日）
五月二六日～九月二五日にかけて、『**瞬間**』誌一～九号までを直接発行して、国教会攻撃に全努力を傾ける。一〇号も印刷備準が完了していた。日記の記述は、この九月二五日の日付を最後に終わっている
一〇月二日、**街路上で昏倒**《こんとう》し、フレデリク病院に担《かつ》ぎこまれる
同一四日ころ、親友エミール＝ベーセン、初めて病床に見舞い、その後しばしばおとずれる
同一九日、兄ペーターが見舞ったが、会おうとしなかった
一一月一一日午後九時、永眠

人とともにコペンハーゲンを去る（三月一七日）

参考文献

A　著作

キルケゴール全集（全三八巻　既刊第二、五、二四巻）
桝田啓三郎訳　筑摩書房　昭37より
キルケゴール著作集（全二一巻）
桝田・飯島他訳　白水社　昭37より
キルケゴール青年時代の研究
大谷愛人著　勁草書房　昭41・8
キルケゴール（世界文学大系　第二七巻）
桝田啓三郎訳　筑摩書房　昭36・3
キルケゴール（世界の大思想　第二四巻）
桝田・飯島他訳　河出書房　昭41・1
キルケゴール編（キリスト教古典叢書　第一〇、一一巻）
大谷　長訳　新教出版社　昭34、36
キルケゴール（世界の名著　四〇）
桝田啓三郎編　中央公論社　昭41・9
キルケゴール講話・遺稿集（全六巻）
実存主義協会編　理想社　昭39より

B　伝記

セーレン＝キエルケゴール伝
ヨハネス・ホーレンベーヤー著
大谷長他共訳　ミネルヴァ書房　昭42・10
キルケゴール小伝　W・ラウリー

C　研究所

大谷　長訳　創文社　昭33・3
セーレン＝キルケゴール――その人と思想
務台理作編　理想社　昭31・12
キルケゴール理解の鍵
――その思想の弁証法的構造　ジョンソン
管　圓吉・後藤　真訳　創元社　昭28・11
雑誌「理想」第二六九号――歿後百年記念特集
理想社　昭30・10
雑誌「理想」（第三六〇号）生誕一五〇年記念特集
理想社　昭38・5
雑誌「実存主義」（第三〇号）特集キルケゴール
理想社　昭39・秋

さくいん

——完——

キルケゴール■人と思想19　　定価はカバーに表示

1966年10月25日　第1刷発行©
2014年9月10日　新装版第1刷発行©
2023年2月15日　新装版第4刷発行

・著　者 ……………………………… 工藤《くどう》　綏夫《やすお》
・発行者 ……………………………… 野村久一郎
・印刷所 ……………………………… 大日本印刷株式会社
・発行所 ……………………………… 株式会社　清水書院

〒102-0072　東京都千代田区飯田橋3-11-6
Tel・03(5213)7151～7
振替口座・00130-3-5283
http://www.shimizushoin.co.jp

検印省略
落丁本・乱丁本は
おとりかえします。

CenturyBooks

Printed in Japan
ISBN978-4-389-42019-2

CenturyBooks

清水書院の〝センチュリーブックス〟発刊のことば

近年の科学技術の発達は、まことに目覚ましいものがあります。月世界への旅行も、近い将来のこととして、夢ではなくなりました。しかし、一方、人間性は疎外され、文化も、商品化されようとしていることも、否定できません。

いま、人間性の回復をはかり、先人の遺した偉大な文化を継承して、高貴な精神の城を守り、明日への創造に資することは、今世紀に生きる私たちの、重大な責務であると信じます。

私たちがここに、「センチュリーブックス」を刊行いたしますのは、人間形成期にある学生・生徒の諸君、職場にある若い世代に精神の糧を提供し、この責任の一端を果たしたいためであります。

ここに読者諸氏の豊かな人間性を讃えつつご愛読を願います。

一九六六年

清水幸雄

SHIMIZU SHOIN